遇见智识与思想

新——悦

［英］吉尔·阿姆斯特朗　作品
（Jill Armstrong）

彭小华　傅懿　译

职业女性如何影响

虎妈的女儿

Like Mother　Like Daughter

女儿的职业选择

中国社会科学出版社

图字：01-2018-0591号

图书在版编目（CIP）数据

虎妈的女儿：职业女性如何影响女儿的职业选择 ／（英）吉尔·阿姆斯特朗著；彭小华，傅懿译. —北京：中国社会科学出版社，2018.10
书名原文：Like Mother, Like Daughter?: How Career Women Influence Their Daughters' Ambition
ISBN 978-7-5203-2754-1

Ⅰ．①虎… Ⅱ．①吉… ②彭… ③傅… Ⅲ．①女性－家庭教育－职业教育 Ⅳ．①G78

中国版本图书馆CIP数据核字（2018）第146438号

Like Mother, Like Daughter?: How Career Women Influence Their Daughters' Ambition
© Policy Press 2017
This simplified Chinese translation rights arranged through Rightol Media
（本书中文简体版权经由锐拓传媒取得 Email: copyright@rightol.com）
Simplified Chinese translation copyright 2018 by China Social Sciences Press.
All rights reserved.

出 版 人	赵剑英	
项目统筹	侯苗苗	
责任编辑	侯苗苗	
责任校对	周晓东	
责任印制	王 超	

出 版	中国社会科学出版社	
社 址	北京鼓楼西大街甲158号	
邮 编	100720	
网 址	http://www.csspw.cn	
发 行 部	010-84083685	
门 市 部	010-84029450	
经 销	新华书店及其他书店	

印刷装订	环球东方（北京）印务有限公司
版 次	2018年10月第1版
印 次	2018年10月第1次印刷

开 本	880×1230 1/32
印 张	9.5
字 数	188千字
定 价	49.00元

凡购买中国社会科学出版社图书，如有质量问题请与本社营销中心联系调换
电话：010-84083683

中文版导言

　　当代职场上，越来越多的女性担任高级职位，专业性和管理型岗位往往需要她们为之付出更多的时间和心力。研究显示，女性在生育后，职业生涯和个人发展往往不可避免地退居家庭养育责任之后。

　　母亲工作时间长，不能日常性地陪伴孩子左右，是否会对孩子的成长造成影响？成年女儿如何评价事业有成的母亲，又将如何做出自己的职业选择？母亲关于工作、养育乃至人生的价值观在何等程度上传递给女儿？

　　本书作者通过对 30 位已经担任高级职位——其中有些甚至早已到达其行业巅峰的职业女性，以及她们的成年女儿进行的调查和后期跟踪访谈，最终发现，几乎所有受访女儿都觉得自己得到了妈妈很好的养育，并不觉得母亲工作时间长对自身成长有负面影响，于她们而言，未必母亲时刻在场才能感受到母爱与呵护。

　　更进一步说，职业女性会在潜移默化间影响她们的女儿，给予其大量正面引导，或塑造她们的职业价值观，或直接提供经济和资源的支持，这些都对女儿的成长和职业生涯不无助益——可以说没有人比"亲妈"更适合做榜样了，这便是本书作者的核心观点。

然而，问及将来是否追随母亲的脚步、从事全职类型的工作时，大部分女儿仍然给出了否定回答。她们更倾向于兼职工作，以留给子女更多的时间，而且，她们的职业女性母亲也支持这样的做法。这是为什么呢？作者在这里引出了"文化脚本"的概念。

在一般认知中，一个父亲只要好好工作、努力挣钱、不家暴不酗酒、按时回家，便几乎可以获得传统意义上的认可。但是，一个母亲仅仅做到以上几点并不足以满足社会期待，甚至可能比工作时间同样长的父亲感到更深更普遍的内疚，责难不仅来自周遭世界，也来自自身——"母亲"一词天然地比"父亲"一词更深地与孩子的成长联系在一起，换言之，在社会集体意识中，母亲，而非父亲，负有让孩子得到"很好的照顾"的义务。

时至今日，女性兼顾职业与家庭早已不是什么稀奇事，生育后重返职场的女性也越来越多。与此同时，具有普遍性的是，女性并没有从担当子女主要养育人的身份中解脱出来，懂得并愿意照顾子女的男性伴侣更像是一种额外的"赏赐"。仅就这一点而言，社会对女性的要求和束缚在事实上有增无减。

家庭、职场、社会都预设女性迟早（无论自身真实意愿与否）

会成为母亲，而是不是一个"好母亲"几乎是对女性最重要的评判标准，这一标准的本质仍然在于她们能够为子女牺牲多少自我。很多女性承受着比以往更多的压力，没有时间参加社交活动，不能发展其他兴趣，很难重建浪漫关系，等等，即便如此，她们仍然心怀强烈的内疚感：职场要求她们更果毅自信，家庭则要求她们更耐心温柔，"生活—工作平衡"变成每天都要面对的难题，这便是当代强大到几乎无法抵抗的"文化脚本"。基于这样的文化脚本，将所谓"选择权"交还女性显然不太现实。

针对上述种种纠结与困难，本书作者给出了极具实操性的建议，既包括家庭养育方面，也包括社会政策方面。

在本书的启发下，读者或许能够重建关于何为"良好养育"的信念，挑战成见，反思严苛的"文化脚本"。那么，也许有一天，孩子们将不再只为自己拥有一个无微不至牺牲自我的好妈妈感到庆幸，也可以看到母亲投身所热爱的事业之时闪闪发光的样子，可以为自己拥有一个热爱工作、积极生活的母亲感到骄傲，正如在未来，母亲也会为他们感到骄傲一样。

这样良性互动的愿景，需要男性、职场文化、社会机制共同努力。

谨以此书献给我的母亲艾琳和父亲哈罗德——

因为父母带给孩子的感受至为重要。

前　言

几十年来，有大量女性从事专业性和管理型工作，但女性在高级职位上所占比重还远未与数量对等。

很多人持有这么一个不言而喻的假设：在职母亲的成功会激励她们的女儿，并终将实现职场上的男女平等。但有两个影响因素促使我对此提出质疑。

首先，过去我在做市场调研工作时，常常令我感到吃惊的是：我所采访的女性仍然在为如何兼顾事业与养育责任左支右绌，且这样的女性在数量上远远多于男性。

其次，虽然我养的是儿子，但基于个人对朋友和家人的观察，我很想了解"千禧一代"女儿如何看待她们母亲的事业，而这又如何影响她们自己的职业选择。

这些想法促使我去做调研，本书就是我的研究成果。

我要特别感谢参与这项研究的女儿和母亲们，感谢她们付出时间并提供敏锐的观点。很高兴遇见你们！

同时我也要感谢我的博士学位论文指导老师塔母辛－辛顿·史密斯（Tamsin-Hinton Smith）和莉齐·西尔（Lizzie Seal），感谢凯·阿母斯特朗（Kay Armstrong）、安德鲁·夏普（Andrew Sharp）和佐伊·扬（ZoëYoun）对本书所做的宝贵贡献，感谢政策出版社（Policy Press）的全体成员。

目 录

图表目录

| 第一章 |
母亲、女儿与事业

雷切尔还有一年大学毕业。她谈到自己对母亲从事的职业有兴趣，谈到在她的成长过程中，妈妈需要长时间外出工作，而此事又如何影响到她。她的观点解释了本书所探讨的问题：在女儿的职业选择，以及女儿将来如何兼顾工作和母职这两个方面，一个事业有成的母亲在多大程度上能够引导女儿追随她的脚步，并效仿她？

"我对妈妈的工作真的很感兴趣；我真的很羡慕她的事业……如果我的事业像她那么好，哪怕有她一半那么好，我都会非常高兴的。"

"她参与了很多有趣的项目，我也做过很多调查……然后妈妈就会说，'哦，我跟他们一起工作过'……她认识很多人，当我和她一起去某个地方，好像所有重要人物都认识她似的，这真令人印象深刻……每当思考今后的打算时，我总会因此而想得更投入。我不知道该怎么解释，但这确实激励我仔细思考我能做的事情……当有人问我想做什么时，我常常谈到我妈妈的工作。"

"我妈会说，喜欢做的事情就要努力去做……做让你快乐的事情。我并不打算做一个全职妈妈；我觉得我不会这样做。我也不认为这对孩子一定有好处，我不知道，这要看个人情况。妈妈外出工作不会对你造成什么伤害，却可能会让妈妈更开心。对我来说，我想外出工作。"

"直到我上大学预科的时候，我才对妈妈的事业真正有所认识。在这之前我压根儿就没想过这事，或者没多想……我认为这让你更加独立，是一件好事。你照顾自己，给自己做饭吃，学会做各种各样的事情。我会为兄弟姐妹做饭，并且做得很开心。我喜欢拥有自己的空间，一向都是这样。而且，这就像……让我想要追随妈妈的脚步。我很多朋友的母亲是全职妈妈，她们觉得自己工作一段时间后，最终也会做全职妈妈。"

雷切尔是众多受访女儿的典型代表，她觉得有一位职业女性作为妈妈对她很有益，她并没有因此受到任何不良影响。在对她和她妈妈做的联合采访中，雷切尔告诉妈妈："我不觉得这有什么负面影响，我不明白你为什么会感到内疚。"

和大多数受访女儿一样，雷切尔为她母亲的事业感到骄傲。随着年龄增长，她对母亲的工作产生了兴趣，而且希望像母亲一样，将来从事有趣的职业，同时当个好妈妈。雷切尔的母亲罗斯最初从事专业服务，有了孩子后，她找雇主协商，提出一周工作4天。像那个时代的许多女性一样，她得到的答复是，这意味着她会偏离通往职业生涯巅峰的路径。因此罗斯改换门庭，进入公共部门，从而在工作时间上争取到一些灵活性，后来又逐步升迁到了该行业的职业巅峰。

本研究的重点对象是那些从事专业性和管理型工作，且有成年女儿的职业女性。职场中有 25% 的职业女性从事 SOC 1 或 2（经理、主任、高级主管或专业职务）的工作。许多在事业上升至高级职位的女性在 20 世纪七八十年代就步入职场了。其中很多女性要么是第一代受过高等教育的女性的母亲，要么自己本身就是第一代受过高等教育的女性，对她们来说，外出工作、成为人母后重返工作岗位都很正常。如今这些母亲的成年女儿也二三十岁了，有的女儿已有自己的孩子。本研究总共采访了 30 位母亲，她们一直从事着工作时间长且要求高的职业，这些母亲和她们的成年女儿一起接受了访谈。

参与本研究的女儿们属于这样一代女性：她们认为有可能像男性一样在事业上取得成功。然而，正如本书所示，性别平等进程实际上并不顺利，在英国和其他西方民主国家的私营部门和公共部门组织中，女性在权力职位上的代表性持续偏低，因此迫切需要相关研究，探索事业成功的母亲在多大程度上引导女儿追随母亲的脚步。母亲们经常提出这个问题：孩子是得益于母亲的事业，还是因此受损？面对这一问题，几乎所有的女儿都相信，有一个对自己事业满意的母亲对她们有好处，至少没有给她们造成任何伤害。最近的相关研究成果挑战了许多在职母亲的普遍观念：孩子们会因为她们外出工作而受到负面影响。本研究丰富了这类研究成果。这是一个重要的发现，因为这表明，女性在职场高级职位上的代表性持续偏低这一现象，不能用女儿对在职母亲的不满予以解释。

本书还将探讨职场母亲如何影响女儿的事业抱负。女儿在担任决策职位时，有多大可能会做得跟她们的母亲一样好，甚或更好？这个问题与职场上的性别平等进步有关。人们通常认为，看到其他女性在职场上成功，女性会受到激励，相信自己也能够胜任这样的高级职位。而且，体育、商业或其他领域的成功女性在访谈中也常常谈到，自己从小就受到激励，被赋予力量。那么，谁能比自己的母亲更适合做女儿的事业榜样呢？

※ 母亲是女儿的职业导师和榜样吗？

社会学家默顿（Merton）首先使用"榜样"（role model）这个术语，他将其定义为"在行为和价值观的某些有限方面，模仿同龄人、父母或公众人物……"。一个人只要做好所做的事，就可以成为榜样。"指导"的基本定义是"鼓励、建议和引导经验不如自己的人"，这意味着更有经验的那一方承担着更积极主动的角色。管理研究领域的新研究成果表明，虽然年轻女性更有可能在自己所属的机构中寻求工作上的导师，但母亲也可以扮演这样的角色。可惜由于很少有女性在机构中担任高级职位，女性往往需要在别处寻找榜样。

对凯兰（Kelan）和马（Mah）的谈话分析表明，女性仰慕这样的同性：既具有女性的固有特征，如人际交往的能力，情感丰富且有孩子；也具有男性的固有能力，如知道自己想要什么，并能成功获取。这也是为什么母亲身份会影响女性在政治、商业和专业领域是否占据关键的职位，父亲身份则不会。因此，正如凯兰和马所说，许多女性认为"兼顾工作和母职很难，她们觉得这个问题跟她们未来的生活密切相关"。兼顾事业与母职是本书的重点所在。

本研究表明，在女儿的职业生涯初期，母亲对她们的影响的确很大。大多数女儿认为母亲是她们取得学业成功的主要影响因素，而学业成功则是她们通往职业道路的主要门径。许多女儿还认为，是母亲帮助她们做了最初的职业选择。事实上，参与本研究的女儿中，1/3 的人选择了跟母亲相同或相似的职业。例如，有位母亲在一家富时 100 指数（FTSE 100）公司担任研究和洞察经理，她的女儿则成了一名学术研究员。还有许多女儿也认为她们的母亲事业成功，是她们的榜样。

但是，另一方面，在女儿后期的职业发展中，把母亲作为事业成功榜样的人远远没有想象的那么多。鉴于大多数受访母亲和女儿都说她们有着亲密的母女关系，这个研究发现尤其令人惊讶。这意味着，我在采访中听到的很多认为是母亲指导女儿的观点并不见得准确。这里的"指导"指的应该是妈妈们倾听、提问，时不时就女儿工作中遇到的情况提供建议和帮助。母亲向女儿传递职业抱负的情况似乎并不那么普遍，也就是说，母亲和女儿并不经常在家中或公开场合谈论自我价值、职位升迁等话题。现今就女性是否能获得领导职位进行公开辩论的氛围中（参与本研究的许多母亲已经位居领导职位），这样的研究发现颇有点出人意料。事实上，有几个女儿非常直接地评论她们父母双方的职业态度。

例如娜塔莉，她追随父母的脚步进入法律行业工作。她说："我觉得妈妈干得不错，但是她从来不像爸爸那样经常谈论自己的工作。"

沟通的方式多种多样。本书将考察母亲们说了什么，以及女儿们听到了什么。本书也会看看女儿对母亲的行为做了怎样的推断。有个女儿形容她妈妈有"隐秘的抱负"，本书也将揭示这种"隐秘的抱负"背后的内容。

人们因为各种原因经历歧视，如性别、社会阶层、种族或性取向。当然，很多人受制于各种不平等造成的偏见，这些都需要进一步的研究。本研究专注于专业性和管理型工作中性别不平等的重大问题，因为从事专业性和管理型工作的女性占职业女性的25%，男人和女人都会为人父母，但女性并没有被完全平等地纳入职场的各个层面。而对于笔者来说，职场性别平等意味着创造条件，使个人表现出色，以达到自己所属机构的目标，同时个人在工作中也能积极成长、保持自我，同时还有时间做工作以外的其他重要事情。如此定义性别平等意味着，这一目标的实现很可能也会惠及面临着其他偏见和平等障碍的人。通往成功的道路不止一条，事业也不一定局限于某一个领域，况且我们每个人都有自己的兴趣和特质。因此，本研究将事业成功广义地定义为致力于一种职业，并为晋升到高级职位而努力。

❀ 各代人

很明显，这是一个代际研究，因此，认真定义"代"，并说明它如何与职场密切相关极其重要。"代"有 3 种常用的定义方式：基于所处的地位、基于同一群体或基于年龄。所有定义都源于"代"如何影响一个人的身份认同和价值观，而这与本研究相关。基于所处地位的定义通常用于描述家庭成员在家中的位置，如祖母、母亲或孩子。代阶中的定位也适用于职场上相对权威的职位。基于同一群体的定义侧重于特定时间或特定情况下的共同体验，比方说，都是第一次当母亲，或于同一时期进入职场。公司以年龄定义"代"的惯常做法基于斯特劳斯和豪的研究。同时，由于文化历史的差异，各国对"代"的定义也不尽相同。

本研究中的母亲主要是 1946—1964 年出生的"婴儿潮"一代，她们的女儿则大多数出生于 20 世纪 80 年代至 90 年代中期，属于"千禧一代"。该研究的意义在于，在就业机会方面，因为年龄的原因，母亲和祖母两个群体有差异。差异也产生于她们在家族链条上的纵向地位。

本研究的框架基于几套思想体系。首先，通过历史时期和个人成长在时间上的相互作用来考察代际关系。历史时期在特定的时间点上揭示了该代人的文化定位；个人成长时间则集中在家族链条中各代人之间的小故事。这建立在曼海姆（Mannheim）的观念之上，即不同时代的人体现的是她们童年、青春期和当代文化的价值观，这些价值观共同界定了那一代人的时代精神。通过对家庭的研究，我们可以洞察行为和态度背后心理与社会因素的相互作用。代际研究需要注意到个体与时代的不同关系，及其对研究参与者诠释方式的影响。时间问题贯穿于对职业女性的讨论。例如，中产阶级儿童的"协同培养"（concerted cultivation）要求父母投入时间帮助孩子学习和成长。弗莱迪（Furedi）认为，监控和保护儿童免受危险是当前养育文化的核心，也需要投入时间。对于中产阶级来说，在职母亲把维持"工作与生活平衡"作为追求，是她们衡量工作时间和育儿时间的关键所在。

　　所有这些文化现象都是影响子女养育的因素，且其影响远远超出了本研究中 20 世纪 70 年代末和 80 年代生孩子的母亲一代。20 世纪 70—80 年代，工作与生活的选择通常有两种：要么工作，要么做全职妈妈。因此，对在职母亲的态度也不一样。"英国社会态度"问卷调查了长久以来人们对性别角色的态度，并直观展示了其变化。1984 年，43% 的人同意"男人的工作就是挣钱，女人的工作就是照顾家庭"，到 2012 年，只有 13% 的人对此表示同意。正如阿德金斯（Adkins）所指，全社会都希望女性，包括已为人母的女性，能够工作。这与社会对母亲的期望相冲突。海斯（Hays）

在1996年特别提到"强化母职"（intensive mothermood）现象。"强化母职"指养育工作要以儿童为中心，以专家为导向，要求以母亲的抱负和愿望征服孩子的抱负和愿望。强化母职及其责任的文化趋势往往与个体化有关，反映了英国的政策转变，让个别家庭对孩子成长的好坏负责。因此，不同年代的母亲及其与不同时代的关系，也将是本书的研究主题。

其次，我借鉴了摩根（Morgan）的观点：家庭不仅仅是一种社会关系和制度。他将家庭描述为一个社会实践的场所和记忆的贮藏库。家庭也被认为具有变动性和适应性，会随着家中成人关系的变化，以及孩子健康和年龄的变化而变化。日常生活碎片是正常生活和个人生活的一部分，以"其更广泛的意义"而具有重要性。社会生活的不同层面和家庭关系有重叠。芬奇（Finch）以摩根的观点为基础，拓展了她的"显示"（Display）概念，这一概念被定义为个人向他人阐述家庭关系的过程，其重点关注的是家庭做什么，而非家庭是什么。芬奇所说的"显示工具"之一就是人们通过讲述自己的故事，尝试将自己的经验，及对这些经验的理解结合起来，从而找到关于亲属关系的普遍规律。母亲和女儿所讲述的个人微观故事被编织到以家庭生活为主的社会变革的大故事中。这些概念与兼顾工作与家庭生活的价值观及行为的传播尤其相关，因为它们受到个人经历、个人愿望、性别角色转换以及做母亲的方法这样的文化传统影响。正如女性主义家庭研究学者所强调的，研究女性家庭生活和公共生活的相互交织很有益，因为女性被视为儿童的主要照顾者，这种定位上的不平等会影响女性在有偿工作中的职位。

本研究的另一个要点涉及价值观的代际传递。社会心理学研究者比耶鲁姆·尼尔森（Bjerrum Nielsen）和鲁德伯格（Rudberg）在一份有关斯堪的纳维亚地区的研究论文中，谈到一个有趣的观点：母女之间既要顾及代际价值观传递的连续性，又要适应社会和文化的变迁。他们着重于传统性别角色定义的深刻变化，研究文化话语如何刺激自我认同的调节，并认定这些变化与职业女性的崛起有关——她们大多是母亲。这一理论的一个关键是认识到，性别角色内部变化的定义和冲突并不意味着性别认同的"解体"，或者失去了心理意义。他们指出了精神分析理论的论点："社会化……是通过矛盾运作达成的——同时这些矛盾使变革成为可能"。

他们进一步认为，各代女性都在一种有意或无意中形成，她们既有社会动机，又有个人动机，而这些动机影响她们自我认同的方式和对新的社会角色的适应。他们把这个理论描述为"性别主观性"（gendered subjectivity）。而比耶鲁姆·尼尔森和鲁德伯格则主张，性别主观性的某些方面，如传统的母职模式，尤其具有持久性；同时他们认为，我们的许多动机都是无意识的，具有个人色彩，并受到社会的影响。这些观点的意义在于，在调查女儿如何效仿母亲管理工作和家庭生活时，我们可以期望在工作价值观和性别角色的传递方面找到一些连贯性，但这些价值观不可能是代际之间以线性方式传递下来的。而且，比耶鲁姆·尼尔森在后来的一项研究中认为，个人的性别感受可以被视为心理社会的一个中心环节，因为性别的社会转型涉及感情的变化。性别规范和做法可能由"内部"和较大的社会力量引发改变，这意味着代与代之间的关系，及同代女性对待工作的关系之间，很可能存在张力。

代际之间工作以及工作—生活平衡的价值观和行为的传递意味着，需要考虑如何通过母女关系来调节价值传递的连续性和变化。这个问题的核心是比耶鲁姆·尼尔森和鲁德伯格提出的问题："我们如何研究变化中的个体，而不仅仅是话语的变化？"这就有必要了解职业女性所处的不断变化的工作和社会环境，因为在本研究的取样中，母亲和女儿的生活发生了实质性的变化，这可能意味着女儿的期望和母亲经验的影响之间出现了错位。例如，工作模式和工作性质的变化，以及在权力机关对职业女性和在职妈妈态度的变化。其中一个深刻的变化是，在女性主义思维方面，由于个人主义及后女性主义兴起，这几代女性的重心有所转移。所有派别的女性主义都强调对性别政治的关注，并将家庭和母职视为权力的核心所在。

第二波自由女性主义和社会主义女性主义强调女性在工作中的平等权，并质疑女性在家庭中的主要责任，这是本研究中各代母亲在职业生涯初期所经历的女性主义主流。对社会主义的女性主义者来说，权力争夺的关键是被概念化的父权制和资本主义。第二波女性主义是一个明确的政治运动，旨在实现公共和私人空间男女性别关系的结构变化。第三波女性主义强调个人身份、主动权、实践和言论自由，没有一个统一的目标，与本研究中女儿们所属的时代相同。瑞本斯 - 麦卡锡（Ribbens-McCarthy）等将女性主义与性别化的母职问题结合起来，确定了"照顾受抚养子女的道德义务"，这意味着子女的利益应该先于成人，这有违赋予女性权力的女性主义目标。此外，麦克罗比（McRobbie）的后女性主义时代包含了女性主义赋权的词汇。吉尔将后女性主义定义为一种感性，其中包括一些相互关联的主题，如"女性是一种身体属性的概念；从客体化到主体化的转变；强调自我监察、监督与自律；注重个人主义、选择、赋权；改造范式的主导地位；关于自然性别差异的思想复兴"。

后现代主义是一种感性、是一套话语，而不是一种独特的理论立场，与第三波女性主义一样，它不是一个人们可以认同的明确的意识形态。吉尔（Gill）和奥加德（Orgad）总结了这种感性在职场上的表现方式，因为女性主义已经通过"个性化技术"使企业文化变得安全，缺乏挑战性，表明女性需要被"改造"，以便更好地配合人为的职场文化，而不是主张改变企业文化。人们通常认为职业女性需要自我提高，例如要建立自信、要果断、刚毅。

因此，正如刘易斯（Lewis）所描述的那样，女性被排除在职场以外得怪她们自己，反而"很少关注针对她们的结构和文化限制"。正如贝克—格恩斯海姆（Beck-Gernsheim）所主张的，"也许只有通过几代人的比较，我们才能知道（社会）对个人的要求是如何急剧上升的"。

本研究的第四个也是最后一个支柱汇集了大小历史之间的紧张关系及价值观代际传递的概念，着重于性别与各代人之间的相互关系。这对社会学和管理学研究的交融特别重要，因为性别差异在职场中每天都以多种不同的方式上演着。与男性相比，女性在社会高级职位中所占的比例明显偏低；与男性相比，女性是孩子的主要家长，同时对家庭生活承担了更多的责任。女性的晋升前景和职业满意度受到生育的负面影响。许多学者和从业者也认为，女性有朝一日会成为母亲，这样的想法会影响她们的事业和晋升前景。

此外，女性往往觉得自己不适合职场文化，因为这种文化是男人为男人设计的，而且包含了抑制（通常是无意识的）女性职业发展的偏见，其中之一便是雇主预见女性会成为母亲。本研究主要基于凯兰的成果，他采用特文格（Twenge）和坎贝儿（Campbell）的跨时段研究，探讨了影响"千禧一代"女性价值观的社会变化。凯兰指出，与母亲那一代相比，"千禧一代"女性的自尊和自恋程度提高了。吉登斯（Giddens）所描述的个人主义的转变，以及"婴儿潮一代"鼓励子女做他们自己喜欢的工作，都是这些转变的背景。特文格和坎贝儿的研究揭示了"千禧一代"脆弱的自尊，因为这一代人更容易焦虑和沮丧，与此关联的是对工作—生活平衡的进一步强调，有些解释认为这是对学业竞争、工作强度日益增强的回应，因为工作时间越长，工作就越没有保障，而科技又使人很难远离工作。

有趣的是，凯兰还指出，"千禧一代"女性比她们"婴儿潮一代"的母亲更果断、自信且雄心勃勃，但在传统认定属于女性的特质（如富有同情心）方面，则体现不足。社会性别刻板印象、工作与生活平衡问题似乎在不同时代的女性中持续存在。这里探讨的关键问题是，"千禧一代"女性成员的经验和价值观是否更有可能使女性在职场的高级职位中与男性平分秋色。

❋ 职场中的历代性别进步

新颖的职场性别平等观念适时出现，因为近年来，在事业上投入大量时间和精力的大批女性已经有了成年子女，其中有些成年子女已有自己的孩子。20 世纪 70 年代和 80 年代步入职场的女性多数在 20 世纪 80 年代和 90 年代当上了母亲。这一代女性的工作和生活跟她们的母亲那一代不一样，因为她们的母亲那一代人要么不外出工作，要么等子女开始上学后才从事兼职工作。英国直到 1946 年才废除了（女性）婚后不得继续从事教职和公务员工作的禁令，而澳大利亚直到 20 世纪 60 年代、爱尔兰直到 1973 年才解除相关禁令。同样在英国，20 世纪 60 年代以前，女性几乎不可能单独获得抵押贷款。

1981 年，24% 的职业女性担任了专业性和管理型的职位，性别平等这才取得了进展。在这些职业女性中，有许多人获得了高级职位，这些女性是机会均等政策的受益者。她们中有许多人要么是第一代受过高等教育的女性的母亲，要么本身就是第一代接受高等教育的女性。对她们而言，工作是常态，成为母亲之后重返职场的情况并不罕见。沃尔夫（Wolf）将她们描绘为兼顾职业和家庭生活的女性代表，而不是"家庭生活被工作扰乱了"的人。麦克雷（McRae）对 1988 年生育第一个孩子的在职母亲进行了纵向研究，结果证明，在职业分类上处于较高水平的在职母亲倾向于全职工作，或者几乎全职工作。这样做的意义在于，对于女儿来说，母亲显然长时间不在家，所以她们可以谈论职业女性母亲对她们产生的影响。

"千禧一代"女性往往相信她们可以像男人一样在事业上取得成功。麦克罗比将这一代女性描述为"极致女子"，哈里斯（Harris）称她们为"未来女子""凡事皆能做的女子"。2016 年畅想未来（Think Future）机构发布了一项针对全英国 20000 多名男女本科生和研究生的调查，发现 74% 的女性相信，她们能够按照自己的意愿推进职业生涯。同一调查发现，男性和女性都不认为子女会对自己的事业发展构成影响。人们对未来平等的期待基于以下来自英国的有力证据：

——在 SOC 2（专业）职业分类中，女性与男性代表人数平分秋色，并且在 SOC 1（管理）职业分类中的比例占 33%。

——20 多岁，在专业性和管理型职位上，男性与女性的性别工资差距最小。

——2007—2012 年，获得录取的大学申请人中，50% 以上是女性。

——2010 年，获得资格证的新律师中，女性占 59%。

——2010 年，综合医务委员会（2012 年）的第一个基础年度培训中，有 6750 名医生参加培训，其中 4250 人是女性。

其他西方民主国家的情况也是如此。经济学家沃尔夫估计，15%—20% 的职业女性同时具备高学历、高收入和从事高技能工作的特征，比例几乎与职业男性一样。在意大利、加拿大、法国、美国、丹麦、瑞典和英国，职场金字塔上的女性占 20%。戴维森（Davidson）和伯克（Burke）对 21 个国家的女性管理人员进行的调查表明，女性在公共部门和第三产业中的机会尤其多。在这些国家，多数人对在职母亲持接纳的态度，母亲们在职场中所占的比例也呈增长趋势。以美国为例，2013 年，6—17 岁孩子的母亲中有 75% 在职。在加拿大，3 岁以下儿童的母亲中，超过 64% 在工作。在挪威、丹麦和瑞典，80% 以上的母亲在职。

上述所有国家都有针对女性在董事会中所占比例的举措，目前女性担任董事职位的比例超过 20%。加拿大是个例外，2013 年，在金融 500 强公司中，只有 16% 的董事会席位由女性担任。

虽然女性在高级职位上有很多进步的迹象，但如何叙述这一进展也是一个相当大的挑战，因为女性的就业规律不同于男性。几十年来，女性，包括有孩子的女性，一直在各层次就业渠道中流动。但是，在许多国家，在许多方面，专业和管理职位上的女性与男性相比还存在很大的差距。虽然两性进入管理和专业职位的比例相似，但之后的职业路径却迅速分化，女性多集中薪酬较低的部门，而且身为母亲的女性非常有可能从事兼职工作。所有这些因素导致女性在高级职位中的代表性不足。英国特许管理协会（CMI）对 60000 多名英国管理人员的调查显示，在公司工作 5 年后，男性管理人员获得晋升的比例为 47%，而女性管理人员获得晋升的比例只占 39%。同样的研究表明，在所在机构中，管理人员晋升时面临的性别平等问题已经持续存在了 10 年。对于受过高等教育的女性来说，这些事实广为人知，这可能可以解释 2016 年畅想未来对大学本科生的调查结果，他们的报告指出，只有 42% 的女性相信她们的性别不会影响她们的职业发展，相比之下，有这种信心的男性则占 72%。

❋ 女性在高级职位上的代表性不足

深入研究英国高级职位上的性别平等情况很能说明问题。福西特协会（Fawcett Society）2016 年调查了英国 8000 名男女，发现只有 21% 的女性认为男女平等已经成为事实。毕竟有大量不平等的证据，如：

——29% 的国会议员是女性，与其他欧洲国家的政府相比，英国内阁的女性代表人数排第 10 位。

——富时 250 指数公司的执行董事中，只有 5% 的女性。

——大型律师事务所发现，女性担任法律助理和合伙人的比例存在巨大的差距，伦敦法律界的神奇圈（Magic Circle）公司显示的数据分别为 47% 和 19%，其他伦敦公司则分别为 57% 和 25%。

——女性在公共领域和自愿部门高级职位上的人数比许多人想象的要多，2010 年颁布"平等法案"后，情况尤其好，因为该法案规定公共机构必须遵守平等义务。2014 年，"性别与权利"报告所涵盖的有关公共部门的长名单中，女性与男性在高级职位上平等的情况只有三例。2013 年，女性占高级公务员总数的 36%，但担任常务秘书职位的只占 27%。（译注：常务秘书是英国内阁部门一名至两名资深公务员，由内阁大臣带领，掌管内阁部门的实际行政工作，处理部内的日常工作，保持政治中立，不参加党派活动，聘任不受内阁任期影响。属于公职部门的高级职位。）

——即使是传统上吸引女性多于男性，如类似教师的职业，也有证据表明女性人数不足。在中学，62％的教学人员是女性，但女性当班主任的情况只占总教师人数的36％。

仔细考察能胜任顶端职位的女性群体时，我们发现，在许多国家，问题显然根深蒂固。虽然在很多公司，女性担任中层管理人员的比例占20％—30％，但在职业等级制度中，越往上走，这个比例就越小。因此，（女性的职业发展）路径非常狭窄，令人忧虑。

——麦肯锡（Mckinsey）2012年对235家大型欧洲公司的调查显示，在消费品行业中，女性在中层管理人员中占比30％，高层管理人员和副总裁人数的比例降到了18％，在执行委员会层面更是下降到了11％。在男性占主导地位的金融部门，问题更为严重，女性只占中层管理人员的22％，而在高层管理人员和副总裁中的比例只有13％，执行委员会的比例甚至更低，只有9％。

——美国的统计数据显示，各个层级上都较少有女性担任与盈亏责任相关的职务，而这些职务上的人往往更容易得到晋升。在职业等级的每个阶段，越往上走，担任这些职位的男女比例差距就越大。

——在富时250指数公司中，只有18％的女性担任高级管理职位。英国政府支持的汉普－亚历山大（Hampton-Alexander）审查报告确定了这样一个目标：到 2020 年，33% 的执行委员会职位将由女性担任。

研究职场平等背后数字的人常说，女性通往重要职位的环节仍然"薄弱得可怜"。这与本研究中的女儿一代有关，她们对职场平等的期望可能会因此大打折扣。例如，25—29 岁年龄段、10% 的最高收入者中，女性所占的比例为 47%，但在 30 岁之后，这个比例一直在下降。对职场中性别平等进展停滞的解释通常体现在四个方面：

（1）"母职惩罚"和当母亲的预期所带来的职业妥协；

（2）高级职位上自主和灵活工作的机会持续不足；

（3）不够友好的职场文化让女性感到格格不入，影响她们靠业绩获得晋升；

（4）人们通常认为，个人素质方面的性别差异，如信心和抱负，使女性停滞不前。

接下来的几个章节会从以上 4 个方面考察女儿是否有可能效仿事业成功的母亲。

※ 介绍成功的职业女性和她们的女儿

本书基于 88 个采访。30 对母女分别接受了面谈，随后，又将每对母女聚在一起，进行了一次联合对话。质化研究中，如此大的研究样本并不多见。这种安排是刻意所为，目的是减少分析代际样本中的主题与历史上不同的社会参考点所固有的困难。这么大的样本量也是考虑到布兰嫩（Brannen）的观点，即在诠释有关长时段经验的谈话记忆时，通常"更容易造成一概而论的风险"。

本书"成功的在职母亲"定义只适用于女性的事业评价，而非评判她们如何做母亲。只要她们是母亲，并且她们的职业分类为经理、主管、高级官员或专业职业，那就符合这个定义。参与研究的多数女性认为她们取得了事业的成功。但我并不想代表所有的职场母亲。我并没有特地寻找在各自领域非常成功或非常知名的女性，尽管本研究中1/3的母亲已经达到了职业生涯的最高峰。

当然，参与本研究的母亲们在子女照顾方面确实得到了帮助，但这些帮助并非与众不同，她们采用了各种各样的策略，包括求助于祖父母，与伴侣、互惠生、课后俱乐部、职场托儿所和保姆共同分担对孩童的照顾。说明这一点很重要，因为"成功的在职母亲"这一概念会引发各种情绪。媒体对桑德伯格（Sandberg）《向前一步》（*Lean In*）一书的回应就证明了这一点。该书旨在为职场女性寻求领导角色提供切实建议。媒体专栏作家批评、质疑她的信息是否适用于大多数职业女性的生活。同样，经济学家沃尔夫的《女力时代》(*The XX factor*) 也遭到批评，被指鼓励这样的价值评判：雄心勃勃的职业女性优于少工作或不工作的母亲。

这些批评基于这一假设：关于女性的写作应该适用于所有女性。但是，从20世纪70年代开始，女性与工作的关系变化意味着，女性是一个比较多元的群体，而不是像大多数（特别是中产阶级的）已婚母亲那样不外出工作。不幸的是，女性在各机构底层的数量大于在上层的数量。这是一个关键所在，而这也是本书关注的问题。

本研究中受访的母亲们居住在英格兰各区，主要从事全职或几乎全职的工作，在各行业已经位居高级职位。她们当中有律师、医生、学者、记者、中学教师、公务员、社会工作者、企业主以及金融、信息技术、零售和营销领域的领导和管理人员。有关工作时数的规定折射出，在兼职或灵活工作时数方面，20世纪70年代和80年代开始就业的母亲拥有的条件还不足够。男女每周的平均工作时间为31.5小时，以此为基础，本研究的参与者每周平均工作时数不得少于32小时。

实际上，很久以来，多数人的工作时间比这长得多。正如摩恩（Moen）所说，持续的全职就业其实是以一种过时的方式看待女性的职业，因为女性的工作特色就是"超时"，主要是因为她们还有照顾家庭的责任和其他方面的担当（同上），而且通常在职业生涯后期会"逐步缩减"工作量（同上）。同时，为确保女儿有机会经历和评价母亲因外出工作而不在家的情况，这一点对本研究也很重要。

本研究之所以把重心放在女儿而不是儿子身上，是因为母亲——包括双薪家庭和高技能职位上的母亲——一直以来都被认为应该对子女的身心健康负责。此外，有充分证据表明，由于可能会当妈妈，职场女性都会经历由此造成的职业机会限制。

在访谈时，有 10 位参与本研究的成年女儿（包括一对双胞胎）在上大学，而且当时正处在决定要做何种工作的当口，有 12 位都已经工作，其中 9 位都至少有一个不到 5 岁的孩子。有不满 5 岁的孩子这点很重要，因为这反映出学龄前儿童主要由母亲照顾的普遍观点。所有的女儿都是本科生或研究生毕业，这是现在进入职场的基本条件。

样本中纳入了处于不同生活阶段的女儿，这是基于这样一个假设：随着观察男女在职场文化中的差异，有关工作与生活平衡的观点可能会改变，并在成为父母的情况下受到进一步的影响。在女儿的这一代当中，有的正在申请工作，或者已经担任新闻工作者、牙医、医生、学者、律师、教师或电视制片人，有的在从事营销、传播、金融和时装设计工作。在样本中纳入已为人母的女儿，这为故事叙述提供了另一个层次的深度，因为从女儿到母亲到祖母的过渡，会增强女儿想要了解自己与母亲关系的能力和愿望。为了简明起见，这些女性被称为"女儿母亲"，她们的母亲被称为"祖母"。祖母们多在教学和公共部门工作，因为在20世纪70年代，女性通常能够参与的工种很有限。

为了保护跟我们分享看法和个人故事的参与者身份，参与者均使用化名，关于她们的个人情况和职业细节，也只提供了模糊的信息。我们对此特别小心，因为母女联袂出现时更容易被人识别出来，尤其有的母亲还是公众人物。本书的研究对象虽然都是英国人，但如前一节的事实所证，她们的经历与许多国家的女性类似。

本研究的主要结论包含母亲和女儿长期累积而来的观点，即如何看待母亲外出工作对女儿的影响。澄清这一点很重要，因为母女关系是一种复杂且随时变化的关系。而且，即使在同一个家庭，母亲与不同女儿的关系也各不相同。如吉登斯所证，人际关系的经验是在人与人之间的空间中建构的，而不是按照任何一方固有的特质建构的。对双胞胎的采访表明，哪怕是对同一个母亲，不同女儿就其职业对她们成长影响的结论也不尽相同。

同样，母亲对不同的孩子、不同的女儿，或者母亲的工作在不同时期对同一个孩子的影响，也各有不同。孩子的个性和每个孩子独有的经历都影响到她们对母亲职业影响的看法。在不同的程度上，你将要听到的这些母亲和女儿的故事说明，母女之间有着密切的关系，因为那些母女关系有问题的人都不愿意参加母女联合访谈。事实上，本研究中有几位就属于这种情况：有几个参与者说，如果母女关系不好，那她们就不会同意接受联合采访。不过，在访谈中，母女之间就某些话题也会出现关系紧张，这难免会影响到调查结果，因为这些母女毫无保留地分享了对于彼此的行为、成就及其后果的看法。

相对亲密的母女关系意味着，母女双方往往能够推断出对方的想法，即使对方并未明确说出其想法。在学术界工作的维里蒂这样描述她和母亲的对话：

> 讨论事情的时候，我可以从她的回应看出她是否对所谈的事情上心，然后我会问她真实的想法。我比较擅长这事。反之亦然。我担心某件事情，而又没有说出来的时候，她也会知道的。或者我提到某个话题，但又不讲具体的事情时，她也会知道，并且会追问我。

母女之间有着亲密的关系，并不意味着彼此就没有摩擦或争论。实际上，争论是代际态度传承的一种方式。正如女儿莉莉在提到她的母亲时所说："我们就很多事情发生过争论，所以她塑造了我对这个世界的很多看法。"

在对研究结果进行讨论时，我打算再用"职业女性"（career woman）这个词。《牛津英语词典》是这样定义该词的："为进步提供机会的专业生涯。""职业女性"这个词已经贬值，因为它往往让人联想到 20 世纪 90 年代营造的这样一个形象：身穿大垫肩西装、手提大公文包的女人。这个心理图景会让人联想到以前的一句话："拥有一切。"这幅图景和这句话通常带有贬义，意指职业女性对自己有着不切实际的期望，并由此产生内疚感，觉得她们的工作导致孩子受苦。

然而，如上文所述，在许多国家，大多数母亲都在工作。事实上，正如阿德金斯所证，社会期望母亲外出工作。许多母亲有着令人满意的事业，所以在我看来，现在我们应该重新看待"职业女性"这个词语，无须遮遮掩掩，把她们描述为有职业的女性，其中有的人恰好也是母亲。

❋ 关于本书其余部分的概述

第二章主要考察女儿在成长过程中对全职工作，或近全职工作母亲的感受。大多数情况下，女儿们的感觉都很好，这表明，在她们的记忆中，母亲所做的取舍对她们的影响远比母亲以为的少。特别值得一提的是，许多女儿提到用 5 种方式来解释母亲为兼顾工作和家庭做出的妥协。这也是本章探讨的 5 个主题：出席父母（尤其是母亲）需要到场的活动；女儿知晓母亲的日常安排；在家的时候，母亲在感情上很投入；放学后家中有人照顾女儿；女儿学习如何自立。许多女儿也很感激母亲的工作给她们带来的物质上的好处。当然，也有情感上的好处，例如，她们可以通过母亲的工作接触到有趣的天地和有趣的人们。跟同龄人相比，（她们很高兴）有这样一个母亲：对她们的生活感兴趣且积极参与，但又不过于密切地监管她们青少年时期的生活。

当然，女儿一代的观点，与母亲如何构建母亲和职员的双重身份，以及如何管理自己对此的感受有关。母亲们的描述则显示了她们对管理工作和家庭所持的两种态度："务实"和"理想主义"。这两种态度的主要区别在于处理（和表达）内疚感的方式。大部分"务实"派的母亲在事业上已达到所在行业的顶尖职位。如加里（Garey）在她的在职女性研究中（这些女性没有从事专业性和管理方面的工作）所述，这些母亲构建了一个能同时支持其工作和母职的身份。"务实"态度是一条新路径，在情感意义上，这比鲁德伯格提出的力求"平衡"的概念让人感觉更舒服些。研究显示，事业顶端的女性代表人数持续不足，但不能把这说成职场"千禧一代"女性对母亲兼顾工作与母职做法的反弹。

第三章讨论了这样一个观点：当她们看到母亲试图"拥有一切"，或因为母亲的工作给她们带来影响时，我们应该期待女儿不希望像母亲一样长时间地工作。事实上，如第二章所示，本研究并没有发现足够的证据支持这种观点。本章也探讨了其他的研究，这些研究认为，工作时间长的母亲所经历的工作—生活冲突更大，因为社会希望母亲在子女上小学时只从事兼职工作。

现有研究显示，母亲可能已经将兼顾工作和家庭时产生的感受与压力传递给了女儿。近期的其他研究侧重于母亲就业对子女的影响。大量证据表明，母亲工作时间长会对子女造成损害，这样的观点并不成立。本章还探讨了女儿当中的一些例外情况，这些女儿觉得母亲的工作时间给她们造成了负面影响。本章也会讨论几个女儿，她们不想像母亲那样卖力工作。

第四章表明，在多数情况下，位高权重的母亲对女儿的职业期望有着重要影响。在本研究中，职场母亲常常充当女儿的导师，许多女儿都说妈妈是她们的榜样。女儿的工作态度由事业成功的母亲引导和塑造，本研究的样本中有不少女儿从事跟母亲相同或相似的职业，持有与母亲相同的工作价值观，且通过母亲打开了职业的大门。

本研究显示，女儿从母亲那里接受到这样的观点：工作可以有趣，令人愉快，让人满足，她们应该努力寻找结合这几个因素的职业机会。沃克丁（Walkerdine）等认为，女儿们相信自己可以得到竞争激烈的工作机会，这也源于母亲对她们学业成就的鼓励。本研究中的多数母亲有意培养女儿"可以做任何事情"的意识，虽然同样的做法也适用于儿子，但母亲们认为尤其需要帮助女儿建立这样的自信。在某些情况下，母亲担心性别不平等会加剧女儿的不自信，导致女儿不能发挥潜力。

　　第五章表明，在职业生涯初期，许多年轻女性像男性一样雄心勃勃。然而，她们很快就失去了成功的信心，原因有几个，包括生育对职业的影响、自信心的问题，以及不适应职场主流文化。本研究表明，母亲通常是女儿的职业导师，跟女儿交谈职场经历，帮助女儿获取有用的技能，从而增强女儿的自信心。

　　不过，女儿也把母亲的事业成功归功于母亲的辛勤工作和能力。这也从侧面表明，本研究中的母亲倾向于淡化或不谈论自己的职业成就。多数母亲也不大谈论升职给自己带来的个人满意感和对他人产生的影响。如此看来，女儿和母亲两代人关于工作时间的谈话似乎更多地集中在当下，而鼓励女儿升至高位的谈话较少。开展这样的谈话令母亲和女儿都不大舒服，背后的原因很多。本研究表明，口头传递事业成功的雄心很重要，母女之间缺乏这类谈话，可以将其形容为"隐秘的抱负"。本章还指出，成功的定义应包含能激励女性的工作价值观。这些对话也会帮助母亲培养女儿的自信。

　　第六章主要探讨女儿希望兼顾母职和工作的目标与愿望。几乎所有还没做母亲的女儿都希望生孩子，并且就如何围绕母职打造事业都有自己的想法。大多数女儿也打算（或已经在）做兼职工作。本章讨论了当代母职文化的各个方面，即众多从事专业性和管理类职业的女性会考虑大幅缩短工作时间。主流观点认为，兼职工作可以"两全其美"。从本质上讲，这种观点认为，父母之道通过在家时间和外出工作时间的多少来衡量——尽管女儿认为，母亲在外工作的时间虽然比兼职的时间长，自己也同样得到了妈妈很好的抚养。

本章将探讨"两全其美"何以更可能阻碍职业上的性别平等。兼职工作可能适合一部分人，对另一些人来说也可能不存在事业妥协的问题。但是，很多研究发现，兼职影响了许多人的职业满意度和事业进步。女性倾向于低估影响个人选择的社会压力。因此，本章建议社会和各机构提出解决方案，为在职父母提供帮助。本章也有力地挑战了父母决定论和"强化责任"的观点。

第七章探讨在兼顾工作和母职的看法方面，母亲和祖母两代人如何影响女儿一代。本章通过历史、个人和生育时间的差异，探讨代际之间在工作和工作时间态度传递上的连续性和断裂。本章表明，几乎所有女儿和"女儿母亲"都打算效仿母亲，或者已经效仿母亲，即生完孩子后继续工作。祖母和"女儿母亲"之间的交流很多围绕在职为母展开，因为代际链条增加一环时，女性之间的代际关系会更亲近，这是女儿成长过程中最容易接受母亲影响的一个时刻。本章也会讨论祖母鼓励或者反对投入工作的理由。一个意想不到的发现是，很多母亲会跟还没有生养孩子的女儿进行关于在职为母的谈话。

对此，一个主要的解释是，母亲一代明显意识到，她们跟祖母那代人的工作体验大不相同。她们认识到，祖母那代人所起的先锋作用，与自由女性主义观点密不可分，这促使人们继续谈论努力工作的重要性。由于母亲一代所具有的专业经验，她们也会讨论允许弹性制工作的职业机会。尽管代际影响确实存在，但在考察工作时间的代际差异、产生工作和生活冲突的原因及母职文化时，本研究得出的结论是，最有影响力的代际差异是母职文化的转变，多数女儿想从事兼职工作，这一转变具有很大的影响。祖母一代对当代母职得失的看法强化了这一结论。

第八章着重介绍在影响母亲兼顾工作，与母亲养育孩子时感到的正负两种情绪方面，父亲和伴侣起到的关键作用。在有伴侣的母亲和女儿母亲中，几乎一半的人或多或少地与伴侣采取了平等养育孩子的安排。这些母亲对兼顾工作和家庭生活有更正面的体验。尽管如此，大多数母亲（包括许多跟伴侣共同养育子女的母亲）肩负着并不均等的家庭责任，这一现实延续了几代人，例如，有半数以上的女儿曾经或计划沿用男性养家、女性兼职工作的模式，她们认为这是"两全其美"的方法。

共同教养子女的动机和经验在情感上趋于复杂化，且矛盾重重。没有孩子的女儿中，80%的人在网上问卷调查中表示，她们期盼或希望采用平等的方式养育子女，然而在面谈中，深入探讨她们的态度时，超过50%的人表示，会采用流行的父亲全职、母亲兼职的模式。此外，只有22%的女儿想当孩子的主要家长，同样比例的女儿表示希望得到伴侣的大力帮助。这就向父亲传递了混杂的信息，说明夫妻们有工作要做，要重新选择和讨论他们的动机。

第九章，以女性升迁至职业巅峰的进展停滞为背景，反思了母女对关系的表述，和女性机会增长的社会变化这二者之间的交汇。并从家庭的角度讨论调查结果的含义，然后依次给母亲、女儿和伴侣提出一些行动建议。对女儿的建议主要是传播这一发现，以及其他的研究成果，以此挑战母亲普遍怀有的内疚心态，因为多数女儿对于拥有一位在职母亲怀有乐观的感受。

本研究中的女儿还指出了几种保护她们免受不良影响的方法，传播这些方法可以积极、正面地影响对工作和照顾义务的"情绪管理"。在鼓励女儿的抱负方面，母亲扮演着重要的角色。但是，要实施这些建议，就要从根本上改变职场文化，以便女性能完全融入高级职位，而不仅仅是数量上的增多，后者由女性自身和她们的家庭所付出的代价都太大，由此引起当代女性主义在"母职公民身份"（maternal citizenship）文化背景下的讨论，以及母亲为子女负全责的趋势给从事专业性工作的中产阶级女性（本研究的对象）带来的隐性代价。

我认为学术研究与公共政策、机构政策之间应该建立更密切的联系，以揭示隐藏在选择话语和"后女性主义常识"背后的不平等。子女养育责任和工作之间的交互关系表明，解决性别不平等问题的关键在于公共政策和公司政策这两个领域。本章也为各机构和公共政策制定部门提出了建议，要重新设计灵活机动的工作职位，提供托儿服务，改变职场文化并挑战职业成功的定义，以推动职场性别平等的实现。

| 第二章 |
受到母亲精心抚育的女儿？

✿ 本章主题

　　本章探讨女儿成长过程中，母亲长时间在外工作的生活经验。生活经验指在自我反思中赋予该经历以意义。本研究有一个重要发现：参与研究的 31 个女儿几乎全部都觉得得到了母亲的精心抚育。这是她们的整体评估，并不排除她们对母亲和童年经历偶尔有不那么好的感觉。本章解释了导致这一结果的原因。只有两个女儿觉得母亲长期在外工作给她们带来了不良影响，另有一个女儿感觉比较矛盾。本章首先讲述夏娃和艾米莉母女的故事，她们代表主流的看法，认为在职母亲对女儿有积极正面的影响。

夏娃是 3 个孩子的母亲，同时也是一家医院的全职医生。她的工作时间往往难以预测，不过她说，无论是现在，还是在孩子们小的时候，她对自己的工作时间都有相当大的自主权。她所从事的医务工作比其他一些医疗领域对家庭更有利。女儿小的时候，她每周会在家工作一天。女儿艾米莉大学刚毕业，正在进行无薪实习，同时在申请一个可以颁给她职业资格证书的课程。艾米莉说："我们几乎全靠妈妈"，从经济支持这样的大事，到车站接送这样的小事。她谈到父母是一个整体，问及童年记忆时，她说父母白天不在家，但他们在家的时候，她很享受跟他们在一起的时光：

> 傍晚的时候，我看见妈妈提着手袋，拿着钥匙从门口进来……如果你天天看到父母，然后（把看到他们的天数）除以 10，那就是我们与他们的关系值，非常棒，每次看到他们都感觉很棒……是的，这种安排真的很好！

艾米莉说，她从来没有认真想过母亲在工作这件事，因为妈妈一向如此。"一向如此"对她和她的姐妹们来说很管用。她清楚地记得全家人共度周末和节假日的情形，这是很多受访女儿的共同记忆。艾米莉谈到，妈妈是职业女性，这挺棒的。从这句话和她在联合采访中谈到的其他内容来看，她与本研究中的多数女儿一样，认为工作和做母亲都很好。艾米莉反映，她和妈妈相处得很好。她谈到，跟朋友们相比，在青春期，她跟母亲的关系也过渡得更好。她认为自己有能力开展工作，而不是期待别人"从中斡旋"，这得归功于母亲不"纵容"她，而是把她当作一个独立的个体对待。

艾米莉回忆说，妈妈不在家的时候，她和姐妹们一起玩耍，跟她们很亲近，她们3人常常一起"处理事情"。她把她妈妈形容为"一块岩石"，她会从妈妈那里寻求安慰和建议，她尊重妈妈的直言不讳，尽管她们的观点不见得总是一致。她说，上学的时候，好多朋友的妈妈似乎随时环伺左右，但她妈妈也是学校妈妈社区的一员，并且学校的相关活动都有参加。艾米莉并没有特别指出这点对她很重要，但在其他妈妈都参加的学校活动中，她经常强调自己的妈妈也"在场"，说明这对她很重要。对女儿来说，妈妈不缺席重大的公共活动，似乎比妈妈每天都在身边还重要。

夏娃谈到，"工作肯定是要做的，这就像我知道自己的名字一样毋庸置疑，不过做妈妈是一件更了不起的事"。这种感触在母亲中间很普遍。工作对她们来说很重要，因为她们觉得有必要工作，工作让人感到满足且有价值。然而，对她们来说，与工作相比，当母亲在情感上的回报更大，感觉更奇妙。像其他许多母亲一样，夏娃也不认为工作和家庭生活是两个极端的二元选择，反而是需要好好协调的日常需求。她也不觉得"工作与生活平衡"这个词跟她有关，因为"大量的生活也是在工作中度过的"。

和大多数受访母亲一样，跟女儿艾米莉相比，夏娃的矛盾心态更重，她需要为家庭和工作做出时间和感情上的妥协。夏娃告诉我，产假结束后，她发现离开女儿回单位工作非常不容易——情感上很难；因为劳累，身体上也很难。夏娃谈到一个让她很不满意的保姆，所以当孩子们可以表达有关保姆的问题时，她很高兴。

另一方面，她很赞赏女儿和其他保姆之间的良好关系。她还说，一家人都依恋在她家做了几年的优秀保姆，她为此感到欣慰。夏娃回忆起去接艾米莉迟到的事，因为她对患者和家人有着"既平等又相反"的责任。夏娃把这件事描述为无法同时在两个地方出现，对她的女儿来说，那就意味着，在那一刻，她的工作比女儿更重要。夏娃说，随着女儿长大，这种时间上的压力减小了，但却代之以另一个问题：青春期的时候，女儿们偶尔会突然想跟妈妈聊天，但妈妈又"不在"。这种观点来源于她做兼职的同事，她们谈到刚进入青春期的孩子放学后，妈妈在家很重要，可以随时注意到孩子正在经历的问题。她不知道这是否对她的女儿会更好，并为此感到遗憾。夏娃说，女儿们主动指出她们很高兴妈妈在工作，觉得她们的母女关系因此更好，因为妈妈没有随时"监管"她们。她还说，"她们（女儿们）谈过这个话题，说她们喜欢这种养育方式，自己以后也会寻求类似的方式……总的来说，我认为我们的关系不错，很好"。

夏娃怀疑这种看法在女儿接受采访时也成立。夏娃觉得女儿知道她很享受和需要她的事业，因此主动说妈妈把她们抚育得很好，目的很可能是减轻她的难受心理。据我观察，夏娃的这个说法体现了母性的内疚感，但在对艾米莉的采访中，这点并没有反映出来。夏娃是"务实"类母亲的典型代表，这类母亲会对某些特定事件感到遗憾，偶尔会反思一下自己是什么样的母亲，而且偶尔会表现出内疚感。不过，在兼顾事业和母职的日常生活中，她并不常有内疚感，而且她也无意改变养育方式。

跟同代人一样，夏娃也休了 3 个月的产假。她说，孩子们还小的时候，她并不喜欢陪她们玩，她宁愿把这个角色交给丈夫：

（陪孩子玩）我会发疯的；我特别不擅长这个。我喜欢做母亲，喜欢有孩子，但我并不擅长和她们玩耍。我喜欢照顾她们，给她们洗衣服，哄她们睡觉，给她们洗澡，读书给她们听，我也常常陪她们给图片填色，但是（我丈夫）更擅长陪她们玩摩比组合玩具（Playmobil）和芭比娃娃。

夏娃觉得，女儿上学后，她才成了更好的妈妈。许多母亲也表示，跟年幼的孩子待在一起是很无聊的事，因此坚定了重返职场的决心。许多人觉得工作使她们成了更好的母亲。夏娃还说，她的时间全部分配在家庭和工作上。艾米莉证实确实如此。这是许多受访母亲的典型特征。

如前所述，本研究的主要发现交叉佐证了母亲和女儿的看法，并关注随着时间的推移，她们如何看待自己的工作对女儿的影响。

✳ 母亲一代就业的社会情况

跟女儿一代相比，母亲一代做就业决定时，社会环境截然有别。对于 20 世纪七八十年代开始工作的母亲来说，她们的决策框架通常是要么工作，要么在家。相比之下，女儿一代在做选择时，很多母亲已经在岗。回顾分娩一年内返回工作的女性比例，1979 年为 24%，1988 年为 45%，1996 年为 67%。此外，截至 2011 年，有孩子的女性和没有孩子的女性之间，就业率差距缩小到了 0.8%，而 1996 年为 5.8%。

1979 年，在全职工作的母亲当中，女性分娩一年内返回全职工作的比例是 5%，到 2010 年，全职工作的母亲中，有受抚养子女的母亲比例为 29%。（"全职"的定义是每周工作时间超过 30 小时，不过这个数字并没有按照职业阶段进行区分。）

这些令人吃惊的变化促使麦克雷等研究人员做出这样的评论：

女性"显示出留在薪酬职位上的强烈意愿,其间养育子女造成的中断最小化"。麦克雷的追踪研究尤其重要,证明了不同时间点上同一群女性的行为。麦克雷的研究与本研究的关系很密切,她的样本中有近 1000 名在职母亲,她们的第一个孩子都出生于 1988 年,她还根据参与者的职业,对研究发现进行了划分。麦克雷样本中的女性从 1988 年(第一次怀孕)到 1999 年间连续全职工作,或几乎全职工作,这些在职母亲中,40% 的人自定职业分类为 SC1 类,23% 的为 SC2 类(2003)。这表明这一代职业女性表现出兼顾母职与全职工作的强烈倾向。

※ 工作—生活冲突与母亲的内疚感

利昂莱特(Lyonette)等人创造了"工作—生活冲突"(work-life conflict)一词,描述人们在日常生活中兼顾工作和家庭生活时的挣扎。他们认为,从事专业性和管理型职务的母亲经历的工作—生活冲突尤其大,因为她们不仅自己的工作时间长,伴侣往往也需要长时间工作,而女性更有可能承担起养育孩子和处理家务的主要责任。

另一个更常用的术语是"工作—生活平衡"(work-life balance)。该术语存有争议,因为它承载了很多情感因素,同时也暗示了要在两种平等又相反的拉力之间做选择。女性主义学者罗藤贝格（Rottenberg）认为，与时俱进的中产阶级母亲之道被视为平衡术，从而形成了一种新的性别规范，期望女性通过兼顾工作和家庭的双重责任获得满足感。这代表着进步，即女性不再被要求在两种生活中做出二元选择。

然而，罗藤贝格指出，与 20 世纪 80 年代"拥有全部"的概念一样，"平衡"难以实现，因为女性仍然没有从家庭生活的主要责任中解放出来。另外，对于女性来说，寻找工作和家庭生活之间的理想平衡点是极具压迫性的想法，因为这会导致女性因觉得没有做出正确选择而产生内疚感。用词很重要，选择"不平衡"生活的想法可能会导致女性自我批评。

汤姆森（Thomson）等人也指出，"工作—生活平衡"这个短语不够充分，因为它没有传达"相关实际的、道德的和人际的复杂性"。女性选择围绕工作来安排孩子，这一特点体现在汤姆森等人提出的一个主题中，这个主题让人情绪高涨，导致女性反思自己的身份、角色，以及跟伴侣和其他女性的关系。汤姆森等人认为，"工作和母亲身份的并存可以带来见地和反思，但也可能令人不安，引起抵触情绪"。

我认为这种推论可以延伸到霍克希尔德（Hochschild）的"情绪管理"上，这种情绪管理体现出女性在各种关系中、职场上，以及头脑里产生的内疚感和压力调整。霍克希尔德的情感互动理论认为，除了具有生物学功能，情绪也是在社会中形成的，并且受到社会的影响。她描述了用于管理不愉快甚至痛苦情绪的思维策略，并将其用来管理工作、家庭角色和母职的压力。霍克希尔德认为，女性有理由构建在社交场合自我保护的故事，比如如何管理"第二次转变"和其他女性对她们的评判。她把这种做法称为"身份盾牌"。

工作—生活冲突的经历与"性别主观性"的持续有关联，也就是说，母性内疚感的弹性活力会让母亲觉得自己把孩子抚养得足够好。这些作者认为，母亲偏离社会建构的母性规范观念时，内疚就会成为主导反应，作者将其论点应用到北美和英国。根据西格拉姆（Seagram）和丹利洛克（Daniluk）的观点，母性内疚的概念极其普遍，以致被认为是母职的一个自然组成部分。本研究中的母亲一代如何管理她们兼顾工作和母职的情绪感受，将是本章讨论的重要主题。

※ 性别身份、母职和工作

对于理解不同年代的职业女性，研究性别认同与母职和职场间的相互关系很重要。克朗普顿（Crompton）认为，女性就业与传统性别角色的消失，二者之间并没有必然联系，因为协调孩童照顾的方式既可以消除，也可以巩固这些角色。许多人认为，尽管过去50年来女性就业模式发生了巨大变化，但女性特质与家庭责任，特别是对孩子的照顾责任，仍然被认为密切相关。

长久以来，人们认为女性的身份与她们所属的各种关系相互交织，母职的观念和体验尤其强大，因为"孩子是最后不可改变的主要关系来源"。巴特勒（Butler）的著作《性别麻烦》（*Gender Trouble*）解释了这种联系，表达性别差异，符合长期建立起来的社会规范，并由童年形成的习惯所塑造。社会心理学者比耶鲁姆·尼尔森和鲁德伯格以斯堪的纳维亚为背景，以巴特勒（Butler）的著作为基础，研究文化话语如何刺激自我身份的调节过程。他们关注由身兼母职的职业女性的兴起所带来的传统社会性别角色的深刻变化。其理论的一个关键，是认识到性别角色的定义和冲突的变化并不意味着性别身份从此"消解"，或者失去了心理意义。他们提到精神分析理论的论点，即"社会化……通过矛盾起作用——同时这些矛盾使变革可行"。

他们还认为，女孩同时受到社会和个人的促动，每一代女性都以一种有意或无意的方式影响自我身份的形成，以便适应新的社会角色。总之，性别和个性构成"我们是谁"的两个维度。我们的愿望和期望都既是社会的也是个人的，而且是可以改变的。比耶鲁姆·尼尔森和鲁德伯格将这一理论描述为"性别主观性"（gendered subjectivity），认为想当母亲的愿望"完全不会因为众多女性不满足仅仅做一个母亲而受到损害"。这些理论与本研究中的母亲一代有关，她们大多脱离了她们母亲那一代人的全职妈妈模式，或者围绕孩子的上学时间兼职工作的模式。

　　贝利（Bailey）考虑到工作对身份认同的影响，采访了 30 位孕妇，并得出了这样的理论：在生活的各个阶段，女性的身份认同通过其主要关注的棱镜折射出来。她把女性身份的 6 个关键方面描述为：母亲的身份、自我与身体、工作者、自我的实践、关系性自我以及时空的经验。在本研究之前，很少有研究关注高技能职业女性如何看待自己的身份认同。莱尼（Laney）等人采访了 30 位在美国各大学任教的女性，这些女性都至少有一个 18 岁以下的孩子。她们的年龄为 34—54 岁，其中 27 人已婚。莱尼等人的结论是，"无论从自身，还是代际和职业的角度，母亲的身份都扩展了自我"。

　　这些女性学者样本并不一定能代表所有的职业女性，但她们提供了一个有关职业女性的有趣范例，即她们会根据当时的具体情况，将所有角色都纳入身份认同，同时又能让这个身份的各个方面都脱颖而出。这表明贝利的研究适用于这里讨论的职业女性。希梅尔维特（Himmelweit）和西加拉（Sigala）将这些观点汇集在一起，以工作和母职为前提，将社会认同定义为"我喜欢做的事情"（作为职员和母亲的角色），因为"我就是这样的人"。接下来，本章探讨母亲和女儿对兼顾工作和家庭生活的认同与管理。

❋ 母亲和职员的双重身份

本样本中的母亲（如图 2-1 所示）平均有 2.4 个孩子。事实上，许多职位较高的人都有 3 个以上的孩子。这些母亲的子女数多于 20 世纪 60 年代出生的母亲，当时每个完整家庭平均只有两名子女。

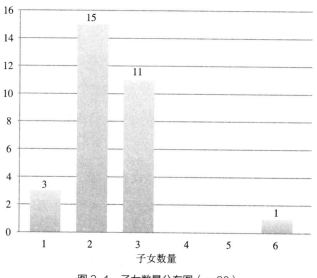

图 2-1　子女数量分布图（n=30）

该样本中只有两例是"因为需要而成为职场人士的"，这两位妈妈原本不打算在孩子上初中前就出去工作，但有一位因为离婚不得不工作，另一位的丈夫赚钱不多，所以她必须工作。在孩子上中学后，这两位母亲表示自己喜欢工作。其他女性则在第一个孩子出生时就有满意的工作。祖母那一代的职业生涯中断期往往比较长，有时达 3 年甚至更长。母亲那一代人中，多数人的平均产假为 3 个月。这一代母亲的产假与 1973 年颁布的法定产假政策吻合。生产后，女性有权重返怀孕之前已从事 6 个月的原机构同一职位。更长时间的产假直到 21 世纪初期才较为普遍。有趣的是，母亲的短暂产假让大部分女儿既神往又惊讶。这表明，随着时间的推移，对于何为好母亲的定义，"文化脚本"发生了多大的改变。

几乎所有母亲都恢复了老大出生之前就已开始的职业生涯。这证实了汤姆森等人的研究，他们认为，女性与工作的关系会决定她们做母亲的方式。参与本研究的多数母亲都觉得，除了母职以外，工作也是她们身份的重要组成部分。对这些母亲而言，工作和母职同等重要。高级营销经理瓦莱丽形象地将二者比喻为生活的"两根支柱"。许多已投身职业生涯的母亲说，孩子的出生带给她们震撼，生活由此而发生的深刻变化令她们感到惊讶。正如律师伊莫金所说："在伊莎贝儿出生前，对于如何应对孩子，我的想法相当实际……但她出生的第一天我就顿悟了——一看到那张小小的脸庞，我的生活就因为爱而永远地改变了。"

另一方面，很多母亲觉得大多时候都不想待在家里。她们最恐惧的是无聊，正如本章开头提到的夏娃以及律师克里斯蒂娜所说："老实说，留在家里我会疯掉的。我会觉得非常无聊。我做不到，完全做不到。我会觉得毫无意义。"这种观点认为工作和家庭生活相互关联，而非彼此分离；许多母亲说，她们会把家庭养育技能应用到工作上，反之亦然。正如企业首席执行官（CEO）艾依昂娜所说："我给孩子们设定了界限，但又对他们鼓励有加，这跟我管理团队的方式是一样的。"

本研究为贝利和莱尼等人的研究增添了更广泛的职业分类样本，表明担任高技能角色的女性在构思身份时，并不是让母职与工作成为二元对立、彼此竞争的因素。这使"工作与生活冲突"，以及汤姆森等人的研究结论显得更加微妙，他们认为中产阶级母亲所经历的是二者的对立。然而，对于所有认同和享受工作的母亲来说，管理工作和母职也确实会带来折中妥协的感受。公共部门主任赞茜总结了大多数母亲的观点：

> 我一直喜欢工作……但这并不意味着我没有妥协，因为我有孩子。不过工作并不是其中的一种妥协。

从面谈前填写的在线调查问卷结果可以看出，母亲和祖母并不是很乐意把工作和家庭看作两种相互竞争的需求。问卷要求她们用数字 1 到 10，评价在子女成长的不同时期，她们对工作的享受程度。有时候，当前的工作性质阐释了她们的评估分数。不过更多时候，这些分数反映出她们当时兼顾工作和家庭这两件大事所承受的特殊压力。

　　如图 2-2 所示，最困难的时期是孩子中学之前，孩子年龄越大，母亲就越有可能给工作的享受度打更高的分数。该图还显示，孩子们长大离家时，母亲在工作的享受程度上经历了一个小高峰。许多人表示，孩子离家后，她们在日常规划中就不再考虑孩子了。对不同时间给出的不同评估分数与毕姆罗斯（Bimrose）关于职业转换的研究结果相对应，该研究描述母亲如何通过情境方式，根据家庭情况做出有关工作的决定。但是，本研究中受访的多数职业女性并没有改变工作时数。对此的解释是，20 世纪 80 年代和 90 年代初期，兼职工作机会比较少，这也可能与女性对工作的认同和享受有关。

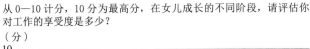

从 0—10 计分，10 分为最高分，在女儿成长的不同阶段，请评估你对工作的享受度是多少？

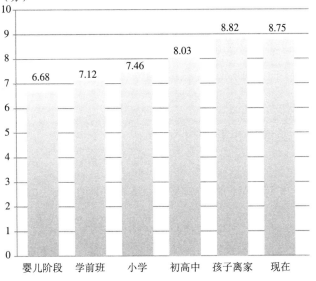

图 2-2　不同时期母亲对工作的享受度（样本为 30）

所有母亲都在生活中遇到过挑战，或者经历过重大变化，其中一些挑战影响很大，如家人患重大疾病、关系的终结和性取向的改变。普罗克特（Procter）和帕德菲尔德（Padfield）、克朗普顿和哈里斯都证实，"重大事件"会影响和改变人们的工作与生活轨迹。任何时候遇到诸如重病等特殊问题时，母亲们都表示会毫不犹豫地把孩子放在第一位，用一位律师的话说，必要时，会让工作"靠边站"。改变工作和生活轨迹的"重大事件"所造成的影响，与日常生活挑战不可能完全分开。尽管如此，样本中的母亲大部分时间都在处理日常工作和生活中的挑战，这也是本章的重点。

事业成功的母亲大多喜欢工作，而且她们的工作做得很周到。我的意思是说，她们每天都在琢磨、权衡，以便为女儿提供她们认为足够舒心的解决方案。母亲之间的差异体现在她们自身如何看待这些取舍所产生的累积影响。这就是霍克希尔德所说的"情绪管理"。下一部分会讨论这些差异。

※ 对管理母职和工作的态度

对每天所要做的权衡，母亲们持有不同的态度，这与她们自身的情况，以及各人对母职的理解和感受相关。这里用"态度"一词描述一系列相对持久的感情和行为倾向。理解女儿对其成长经历的看法，这些态度上的差异很重要。关于什么对孩子最好，公共部门的首席执行官玛莎优雅地表达了母亲的认知，也反映了她自己的价值观：

> 我的 NCT 课上共有 6 个人……她们在各自的专业领域都取得了事业的发展。在我们之前的交谈中，她们都打算产后重返工作岗位。宝宝出生后，她们的表述却与之前大不一样了。没人谈到自己想要什么，说的都是什么对宝宝最好。我说："梅根是一个非常合群的孩子，所以她需要和其他孩子在一起。"而我的朋友安妮塔会说："呃，我不知道，不过马修需要额外的照顾，也许一周几天由保姆照顾就够了。"珍妮弗说："很显然，如果我不在家陪艾米，她会长不好的。"有趣的是，那个时候我们谁也不知道自己的宝宝有什么样的个性（笑），所以我猜想，当时我们那么说，主要是给我们自己找到合乎理由的解释。
>
> （译者注：NCT=National Childbirth Trust，英国国家亲子育婴信托机构，是一家成立于 1956 年的英国慈善机构，为人们提供怀孕、育婴和初为父母方面的信息和支持。）

母亲们的报告显示了两种态度，我分别称之为"务实"和"理想主义"的态度。我用的是形容词（我表现得像这样），而不是名词（我就是这样），因为母亲所展示的是相互交织的身份。不同的态度并不体现在她们对工作的认同程度上，而体现在她们对母职的看法上。因此，态度上的差异与女性经历母性内疚的程度和频率有关系，这种内疚使她们认为应该以不同的方式养育孩子。"务实"和"理想主义"态度跟母亲采用的托儿方式之间没有关联。例如，持这两种态度的母亲都有长时间待在托儿所的孩子。态度上的差异与工作时间的长短也没有明确的联系。持这两种态度的母亲在职业生涯中都有过不同的工作时数，包括工作时间可以灵活安排、一周工作 4 天，或者一周工作 50 多个小时的母亲。

"务实"派母亲相信她们并不是每件事情都做得很好，但她们的孩子并没有因为她们的事业而受苦。她们当中的一些母亲（不是全部）有时会对某个具体事件感到内疚，如在公共部门担任主任的赞茜所描述的那样：

> 我把可怜的齐尼娅送到学校，她感冒了，咳嗽。她说："琼斯小姐把她的手套给我戴，因为操场上很冷，我咳嗽。"我心里想，哦，不，你不应该去上学，我应该留在家陪你。

我的观点是，"务实"派的母亲并没有因自己是职场母亲而产生普遍的愧疚。正如律师娜奥米所说："我们大肆宣扬这种内疚感，但我不确定有多少人真正感到内疚，或者应该感到内疚。""务实"派的母亲说，她们无须在孩子和工作之间做出选择，因为孩子是她们生活的重心所在。困难是有的，但最好的办法是"继续走下去"。她们认为，把家庭和工作视为彼此对立的两面并没有好处，因为这样一来，在一方面有收获难免意味着在另一方面会有损失。玛莎说："关键是，职场的年轻人要明白，你不必把所有的事情都做得十全十美，要知道（工作和家庭）并不是二元选择。"金融机构高级经理奥拉解释说："用完美来衡量事物，和用可替代的选项来衡量事物，二者是有区别的。我觉得如果你用完美来衡量孩子的成长体验，那么我敢肯定这会带来各种遗憾。"

有些人，比如在私营部门任总经理的简，会从女儿的角度解释自己的观点："我不认为要把家庭生活和工作区分开，我从未觉得这两个角色有任何冲突……我觉我一直都喜欢跟杰西卡在一起，我喜欢跟她在一起的程度，多过她喜欢跟我在一起的程度。"

几个"务实"派母亲表示，她们会积极主动地与同事和雇主商谈，寻求一定的灵活性，满足家庭的需求。她们在产假结束后就这么做了，说明她们有很强的自信心。有两位母亲描述了这种行为，她们俩都在各自的领域达到了事业的巅峰：

> 我很清楚我不会为了我的雄心壮志牺牲孩子，这就是为什么我会跟雇主说清楚自己会做什么，不会做什么，当然，对方有时并不接受，会因此而谈崩。但我是一个顾家的人。我就是这种人。（罗斯，公共部门首席执行官）

我知道很多女性为了参加孩子学校的表演，会用看牙医做借口。我觉得一开始就说清楚很重要，因为孩子学校的表演活动跟工作同样重要。（艾依昂娜，企业首席执行官）

"务实"态度似乎部分来自母亲对整个生活的态度，另一部分源于她们对时间压力的反应：

我不会为此感到内疚，因为我认为孩子会受益于你所做的任何安排。只要他们感到被爱、安全，我个人认为其他的都不是特别重要，你只需要腾出时间和空间来做好安排，哪怕时间有限。（克里斯蒂娜，律师）

你没有时间或者精力反复思考你在做的事。你得去做。这有点无情。但只要是为好事情坚持不懈，那就没关系。（布里奇特，医生）

有几个母亲可算作"务实"派，她们很少纠结该如何兼顾母职和工作，因为她们觉得自己在经济上没有任何选择，做不了任何重大变动。如身为老师和祖母的唐娜所说："既然我没有别的选择，那为什么要对此感到内疚呢？"总的来说，持"务实"态度的母亲认为，只要孩子感到被爱、安全，就不用对因时间和精力有限所造成的，在工作和家庭之间进行的权衡和取舍感到内疚或遗憾。

　　当然，这些观点也可能存在事后合理化的成分，毕竟这些母亲大多不再经历日常问题所带来的困扰。不过，参与本研究的所有母亲经历的生活阶段是一样的。回头再看，许多母亲都承认她们运气还算不错，她们也相信孩子遇到的任何问题都与她们的工作无关。3个孩子的母亲赞茜已经做到公共部门主管，她很好地表达了这一点：

　　　　知道他们都快乐，发展平衡，而且独立，我非常开心，如果他们的性格有所欠缺，那不是因为我工作，而是由于其他很多复杂的原因……我知道我有机会来回顾这段经历，我也知道我很爱他们，现在回想起来，的确如此。

　　持"理想主义"态度的母亲倾向于用自己的理想标准衡量自己是否像雇员和母亲一样行事。根据她们的语言表述，可以把她们称为完美主义者，这是一种通常与女性有关的特质。她们常常会感到欠缺并为此内疚。瓦莱丽对兼顾工作与家庭的描述体现了这种"理想主义"的态度：

　　　　瓦莱丽："我觉得我从来没有做对过任何事情，总是在应付突发事件……几乎从来没有把事情做好过。"

采访者："什么才算对？"

瓦莱丽："做完美的员工和母亲。但你一天得有48小时……时间是一个限制。更大的限制是精力和脑力。我前面说过，我需要把事情做好，不然就别做。"

"理想主义"派的母亲满脑子都是她们希望成为的那种母亲和雇员，她们觉得自己两样都做得不够好。有些母亲用非常情绪化的语言描述自己的感受，比如，她们觉得自己要么"抛弃"了同事，要么"抛弃"了孩子。她们经常谈到她们的内疚感，有的说，这种内疚感来自她们自己。正如身为祖母的国家卫生服务机构首脑谢丽尔所说："唯一评判我的人就是我自己，但这就够了。"

有些人对文化习俗的评判很敏感。例如，来自家人或其他母亲的评判——并不是评判她们是否在工作，而是说她们"工作过多"，把孩子"丢"在托儿所。这些女性明确感到，自己没有遵循主流文化脚本做个好员工或好母亲。好员工和好母亲应该既能满足职场的需要，又能满足孩子的需要，而二者显然会有冲突。

情境困难对"理想主义"母亲的感受产生了一定的影响。经历过各种关系困境的人（如学者尤娜）提到因情感处境而引发的"普遍内疚感"。单身母亲尤其容易自我批评，因为她们担负着所有的责任。本样本中，有13位母亲在孩子成长的某个阶段是单亲家长，其中有 5 位母亲在女儿童年期间长期单身。因为工资相对较低，有些单亲母亲采取了特别的托儿安排，她们说，有些托儿安排让她们觉得把孩子置于了危险中，并为此感到愧疚，如尤娜所说：

> 她从课后照顾她的朋友处跑掉了，一个人回到家，从后门的破玻璃窗翻进屋。她那时大约 10 岁。那个朋友很生气，事情发生后，她没有告诉我，也没有去查看孩子是否安然无恙。

“理想主义”派母亲强烈认为她们是有选择的，她们觉得要是更加努力地寻找，可能就会找到更好的办法。这些观察建立在罗藤贝格和斯通（Stone）的研究之上，他们指出了在二元对立概念之间做选择的虚幻本质。关于母亲们的态度，我们还参考了霍克希尔德等所使用的“文化遮蔽”的说法，意指过度简化文化语境，而女性正是在这样的文化语境中就母职和工作管理做决定的。

许多人论及对母职所持的“理想主义”态度与母性内疚之间的关系。本研究的原创性贡献，是发现了母亲在应对高要求工作的同时，对如何做母亲所持的“务实”态度。此外，本研究提出了我对“务实”和“理想主义”这两个术语的定义，用以描述职业女性对母职的不同感受和态度。这种定义反映了我对克朗普顿和哈里斯创造的、经常被使用的两个术语"最大化者"（Maximisers）和"满足者"（Satisfiers）的看法。这两个词指银行业和医疗行业的女性成员应对工作和生活的策略，但这并不适用于本样本中的母亲。

我也回顾了经济理论家西蒙（Simon）对"最大化者"和"满足者"这两个术语的原始定义。在此将其中的区别和可能引起混淆的地方阐明如下：克朗普顿和哈里斯所定义的"最大化者"，指"在就业和家庭方面寻求目标最大化"的女性，指善于充分利用机会和成就的人，而西蒙的定义，指"综合考虑和审查所有可能性，并努力找到最佳选择的人"。克朗普顿和哈里斯将"满足者"的行为定义为"有意识地缩小就业或家庭目标，以达到令人满意的结果"，而西蒙的定义则是一种"决策制定策略"，旨在获得充分、合理、满意的结果，而不是最优结果。心理学家指出，"满足者"往往比"最大化者"更积极。

我的理论是，该样本中的"务实"母亲看准的是妥当、合理且令人满意的结果，而不是最优的结果，因而更接近"满意者"的类型。但是，该群体中的多数人并不认为她们因此而缩小了目标。"实用"这个词似乎更恰当，因为她们挑战了二元选择的概念，是样本中明显自信的一群人，其中包括很多已经达到事业巅峰的女性。而"理想主义"这个词则捕捉到了其他母亲的目标，那就是，为自己和孩子做出可能的最佳选择。当然，"理想主义"这个词有负面的含义，往往代表无法实现的目标。然而，在上文所提到的虚幻选择概念的背景下，这个用词还算妥当。

对母职的态度无论是"务实"还是"理想主义"，大部分母亲都试图减轻工作对子女的影响。然而，所有人都认为，母亲长时间离家工作，孩子难免会受到影响。因此，下一部分将考察母亲如何看待工作对子女的影响，并将母亲的观点与女儿的观点进行比较。

❋ 是否讨论过工作的影响？

我们先看看母亲如何看待其职业对女儿的影响，然后倒过来看女儿如何看待母亲的工作对她们的影响。评论家们认为，孩子要到青春期的第二个高峰期才无须父母保护他们的安全，把父母当作平常人看待，并与之互动。本章开头大量引用了夏娃和艾米莉母女的话，像她们一样，有些母亲和女儿谈到了对在职母亲的感受。这些谈话往往发生在女儿快到20岁，或快上大学的时候，她们开始比较自己与同龄人的经历。多数情况下，母女并没有就这个话题有过直接的交谈，参加本研究后，她们才在母女联合访谈中聊到彼此的感受。母女之间没有直接对话，主要原因是女儿要么根本没有兴趣，要么觉得妈妈在外工作很正常，不值得一谈。

母亲通常也不会主动提起这个话题。对"务实"的母亲来说，工作是出于"无可选择"的经济原因，和／或工作给她们带来满足感。对"理想主义"的母亲来说，愧疚感使她们不愿意讨论难以改变的事实。然而，即使有些母女从来没有直接交谈过这个话题，从她们的叙述中也可以清楚地看出，本研究样本中的几乎所有母女都有密切的关系，即使没有谈论过该话题，她们往往也知晓对方的想法或感受。

✳ 母亲如何看待工作对女儿的影响

许多母亲，尤其是"务实"派母亲，特别强调自己的职业生涯对女儿产生的积极的影响。她们指出，女儿因为母亲的工资收入而受益良多，例如节假日的娱乐安排、生日和家庭庆祝活动等。如一家私营公司的医学博士简所说，许多母亲认为，女儿有一个"事业成功的女性"做榜样很重要，这一点第四章会讨论。律师费思说，"因为我是在职母亲，所以她们认为自己也做得到"。身为学者和祖母的斯特拉补充说："我认为，让孩子们知道女性可以从不同地方获得满足感有好处，不是吗？满足感可以来自幸福的家庭、孩子等，但我认为，让她们知道在家庭环境之外也可以获得满足，这是好事。"

女儿对母亲的工作表示有兴趣时，母亲会让女儿介入到她们的工作中来，这会让女儿了解和接触到斯特拉所说的"更大……更有趣的领域"。在公共部门担任首席执行官的罗斯对此回应说："孩子们接触到一些非常棒的人与事，进入到一个知识和文化都极为丰富的世界。我认为这对她们真的很好。"

许多母亲也认为工作带给她们满足感，给她们一个家庭以外的世界，并使她们成为更好的母亲，如律师娜奥米所说："我觉得如果你同时在工作，那你作为母亲更有能力在心智上启发别人。我觉得不需要过多担心、过分自省，所以，从这个角度来说，我是一个更称职的妈妈。"

另一方面，所有的母亲都分享了面对日常生活挑战所做的权衡和取舍。所有人都认同兼顾家庭和工作需要付出艰苦的努力。身为老师和祖母的安妮塔说："母职和工作是可以成功兼顾的，但需要付出很多辛劳和努力。"在一家私营公司上班的医生简说："我认为精力充沛、兢兢业业的人往往一辈子都是这个样子。我就是这样的人，我认识的许多职业女性也是如此。"

多数母亲（包括"务实"派和"理想主义"派）担心，她们长时间在外工作，有时候可能会对女儿产生负面影响。许多母亲反馈说，她们担心孩子认为疲倦或压力会导致她们在母职上做得不够，或对孩子重视不足。其中一个要点是：工作，特别是因公出差，阻碍了她们在女儿需要的时候提供及时的情感支持。普遍的看法是，这个问题在女儿青春期比儿童时代更为显著。几乎所有的母亲都能从女儿的童年和青少年时代举出几个具体例子，要么是女儿对她们工作的抱怨，要么是女儿小时候跟妈妈分开时做出的糟糕反应。多年后，母亲们通常只记得一两个例子，但这些例子给她们留下了非常深刻的印象，如下面这些故事所示：

升任主管后，我的工作时间变得很长。我经常在孩子们上床睡觉时才着家，（到家后）我会立即问起女儿们的家庭作业……或者她们需要做的事情。后来我意识到，在女儿看来，这个流程表明我强调和看重的是她们生活中一些毫不相干的事情……我把办公室的角色带到了家中，我犯了把养育女儿当作一个项目来做的错误。（费思，律师）

艾米莉5岁左右时，我有两周的假期，每天都和她们待在一起。假期结束的时候，我惊讶地发现，那两周我才对她们有了更多的了解，在那之前，我并不是很了解她们。（夏娃，医生）

"理想主义"派母亲表达的另一个主题是，她们担心女儿放学后，因为家长不在家，会感到有所欠缺。这些担忧往往是她们跟其他母亲进行比较的结果，那些母亲白天参加孩子学校的活动，孩子放学后也在家。这也反映了文化脚本对母亲的期望。这种担心常常源于孩童保育安排方面出错，也是母亲想法的核心所在，她们觉得自己不在家而让孩子付出了代价。来自 STEM 领域的医学博士文迪就是众多例子之一：

> 我们在沙发后面找到一本书，我问……"它为什么在这儿？"维罗说："哦，那是（保姆的）。我把它藏起来，因为她只会读书，不和我一起玩，不跟我说话。"每当这个时候，那种可怕的愧疚感就会冒出来。因为你在工作的时候，你以为孩子是快乐的，受到了很好的照顾，结果却发现情况并非如此。

这证实了许多研究的结果，即母亲比父亲更经常担负起孩子的保育安排，以弥补她们因工作原因不能待在孩子身边的缺憾。因此，事情出错时，承担责任的人往往是母亲。

※ 母亲们如何减轻工作的影响

相对于担忧，母亲们回应困难的方式，就是对她们认为重要或者做得到的事情采取行动。上班时间灵活的工作机会并不多（比方说转成自由职业），这一点并不令人惊讶，因为直到 2003 年，人们才有要求灵活工作的权利。一位持"理想主义"态度的母亲自愿离开职场 3 年，对她来说，这是承担得起的选择，但对许多人来说，情况并非如此。

母亲们一致反馈说，她们尽可能地参加孩子学校的各种活动，如家长之夜和音乐会，因为她们觉得这些活动很重要。她们之所以这样认为，是因为她们意识到，那些工作较少的母亲们会出席这些活动，所以她们的女儿很可能会注意到自己母亲的缺席，多少会因此感到失望。另一个例子是，如果工作时间许可，她们会每周到校门口接孩子一次。母亲们还强调说，她们通过建立稳定的日常生活和围绕家庭生活的明确界限，尽量最大化地利用紧缩的时间，包括每天，至少每个周末，全家定期一起参与诸如游泳和家庭旅行这样的活动。律师查蒂这样阐述她的对策：

> 你得维持一种微妙的平衡……在周末和假期，我们会弥补工作日的忙碌奔波，确保为孩子们留出时间。

本研究的一个重要的发现是，许多母亲，持"务实"态度和"理想主义"态度的都有，认为自己的工作对女儿的影响已经最小化了。借用高级市场营销经理瓦莱丽的话，这是因为母亲们觉得，"自己承担了大部分的妥协"。她们最常提到的妥协是与配偶和朋友的关系及睡眠。

> 我绝对错过了很多交往机会。我的朋友都跟孩子和孩子

朋友的家长有关。（凯伦，老师、祖母）

　　我们肯定放弃了我们的关系……太过疲劳，没有精力考虑这个问题。我觉得当时我们处于活命状态……无意中对个人关系做了妥协。（罗斯，公共部门首席执行官）

　　只有一个孩子的单身母亲们相信，为了给女儿足够的关注，她们放弃了家庭（即配偶和其他的孩子）。许多母亲提到的另一个妥协是，她们错过了养育孩子的一些日常快乐，正如公共部门的首席执行官玛莎所说："我有时候想起来，会问自己，我对她们小时候的事情是否有足够的记忆？也许当时我总是在想接下来要做的事情，以致没有足够的时间陪她们。"

　　除了某些具体的事件，多数母亲在回顾自己的经历后，并不认为女儿因为自己工作而产生了深层次的问题。她们为这种观点提供的主要解释是，母亲上班是女儿生活中很正常、已经接受的一部分，而且母亲们自己已经承担了妥协。当然，这不是没有代价的。关键是女儿们对此感受如何？

※ 女儿的故事：母亲工作造成的影响

　　虽然亲密程度不同，但样本中所有女儿都跟母亲有良好的关系。她们集中体现出本杰明（Benjamin）的结论：母女经历的是顺境和积极情绪发展的分离过程，即"放弃"而非"拒绝"。本杰明解释说，"放弃"结合了女儿个体差异的认知，和她们对母亲"认同性"（identificatory）的爱。

值得注意的是，无论是面谈之前的前期调查，还是面谈之时女儿们讲述的负面事件，或她们对母亲长时间工作的担忧，都（比母亲们讲述的）要少得多。大多数情况下，在女儿们眼中，她们回忆起来的事件都是暂时性的，例如，家中的猫被车撞了，但是妈妈又不在；看完牙医后想妈妈了，或者（这是最常提到的）生了小病不能去上学，只好在妈妈上班的地方坐等。第三章中我们会讨论 3 种特例，除此以外，只有一个女儿，就是也在上班的律师的女儿佛罗伦萨，指出因为母亲上班而错过了"一些东西"：

> 在我童年的记忆中，妈妈占的比例并不大。我觉得她听了会有点不高兴……小时候，我确实错过了一些跟妈妈相处的时间，错失了了解她的机会……可能缺的就是做妈妈小棉袄的感觉吧。

她接着说，尽管爸爸也全职上班，她却是一个"彻头彻尾的爸爸的女儿"。这些话表明，佛罗伦萨觉得母亲对她的责任超过父亲。这再次说明了文化脚本在母职问题上的韧性。问及成长过程中对母亲上班的感受时，许多女儿的回答跟母亲所预测的一样：

对此她们从来没有多想过。学者克洛伊的例子比较有代表性，她说："我不记得我有过妈妈随时都在的希望……我觉得父母没有那么重要。"

许多女儿觉得，她们之所以对母亲上班没有过激的情绪，乃是因为她们并不觉得这是个问题。有几个女儿明确表示，她们没有过那种"错过"，感到"不满"，"被忽视"，或"因妈妈工作而紧张"的感觉。有几个"理想主义"派母亲向女儿表达了自己的内疚感，女儿却告诉她们无须感到内疚。例如，上大学本科的黛安娜说："我妈妈感到内疚，但我觉得她无须有内疚感。我不觉得父母不在家对我造成了任何伤害。"哈里特从事教育工作，她对女儿经历的特殊托儿安排表示内疚，而她的女儿汉娜对此有更乐观的看法：

> 长大以后你才能把很多东西串起来。就像我和朋友们曾经在彼此家中过夜一样，我当时觉得非常好玩，确实如此！到现在我才意识到，妈妈当时其实也是通过这种方式，跟另一个也是单亲妈妈的朋友轮流照看孩子。那时我10岁，我觉得我的社交生活非常美妙。

女儿们谈到的问题较少，更多是关于母亲如何管理她们自己的工作和家庭生活，这意味着女儿们并不觉得自己的利益受损。

由此引出 5 大主题：

——女儿们知悉母亲的日常安排，知道母亲何时会在哪里，以及如何与她联系；

——母亲会出席重大活动（这也是其他母亲在场的时候）；

——放学后，女儿在家里会得到照顾；

——和女儿一起在家的时候，母亲会专心致志陪伴女儿（尤其是工作日）；

——女儿被鼓励要独立。

知悉母亲的日常安排：知道妈妈何时不在家，何时在家，妈妈上班的时候联系得上，这些都可以让女儿安心。刚刚大学毕业的吉娜解释说："我们经常在妈妈上班时给她打电话，她从来没有说过不可以。除非她正在开会，否则总是找得到她。"杰西卡还在上大学，她的妈妈是一家公司的董事，作为女儿，她也描述了知晓妈妈日常安排的重要性：

> 了解妈妈的日常安排对小孩子非常重要。每个星期三，爸妈都在上班的时候，有个女士会来照看我们。星期二爸爸会提前到家，我觉得那有助益。因为你知道每周三妈妈都不在，所以也没关系。

重大活动：女儿们都希望妈妈能出席她们认为很重要的活动，

比方说，运动比赛、艺术表演或父母之夜。女儿们常说，对她们来说，妈妈的参与比爸爸的参与更重要，这也反映出关于母职根深蒂固的文化建构。即使妈妈错过了几次活动，对女儿来说，只要知道妈妈有心参加，就足够了，这会让女儿们感觉自己对母亲很重要，正如伊莎贝儿所说：

> 我们有保姆，妈妈上班的时候，我们会想她，但……我们知道她爱我们。所以，即使妈妈不在家，我也从来不觉得她真的不在。

如果其他母亲在场，那女儿也不希望自己被（妈妈）遗忘，这二者之间有关联，因为女儿们不希望别人觉得她们的母亲有更重要的事情要做。越来越多的父亲开始参与孩子学校的活动，这也很可能会把关注点转移到家长到场，而非母亲在场。

放学后家中有人："务实"派母亲的女儿和"理想主义"派母亲的女儿之间，显著差异只有一个，那就是她们各自对母亲长时间在外工作的感受。有几个"理想主义"派母亲的女儿说，她们不希望自己的孩子重复放学后在家外接受照顾的经历。这种看法似乎来自她们自己的记忆，以及她们与母亲的交谈，因为她们的母亲确实担忧女儿的课后照顾问题。对女儿来说，谁在家里照顾她们并不重要，重要的是放学后可以回家。

全神贯注：多数女儿对家庭度假和周末与家人共度的时光都有生动的回忆，比方说全家人经常一起去游泳、看电影、散步。许多女儿说，她们看重的不仅是妈妈本人在家，更重要的是，妈妈在家的时候不会因工作牵绊而表现得心不在焉，而是随时有空，并把注意力放在女儿身上。有几个女儿注意到母亲控制了在家办公的工作量，要么在女儿上床睡觉后再工作，要么在女儿忙其他事情的时候才工作。学者克洛伊（Chloe）指出了全神贯注的重要性，并指出，这点跟她的父亲相反：

> 我妈妈也工作很长时间，我觉得她的工作对她来说非常重要，但是她很善于切换，确保晚上、周末和假期的时间都属于我们。

在数字化工作的时代，这是一个挑战。此外，在知晓母亲日常安排，和母亲到场参加女儿重要活动的前提下，女儿们可能会感到舒心，因为在晚上固定的时间里，母亲不会被工作分心。当然，孩子们对母亲何时得空的期待会因年龄而异。

独立：许多女儿说，她们很高兴自己学会独立和自力更生。她们把这归功于母亲上班，认为自己比被"妈妈宠爱"的朋友更加独立和自信。在她们眼里，妈妈的"宠爱"指妈妈会跟在她们身后张罗一切，严重介入她们的生活。刚刚大学毕业的吉娜这么说：

跟我一起旅行的那个女孩真的被"宠坏"了，一直哭哭啼啼的，每天都要跟她妈妈视频……这对她并不好，她根本就没有信心，甚至连先上巴士的信心都没有。

此外，大学毕业以来，有几个女儿注意到，她们的朋友觉得在情感上对母亲负有责任，因为她们的母亲把照顾她们摆在首位。这几个女儿很庆幸自己没有处于这样的情境。奥亨宝（Aughinbaugh）和吉特尔曼（Gittleman）的研究证实了这点，即重视独立，与在外工作时间较长的母亲，二者一脉相承。

几乎所有的女儿都觉得，母亲在职并没有对她们造成负面影响，这表明母亲自己成功地承担了其中的妥协。直接对比母亲和女儿的看法，同时关注事业成功的母亲，这方面的研究几乎没有。然而，我们可以从时间风景（Timescapes）的深度纵向访谈中得到一些佐证，受访的孩子年纪更小（小学年龄），他们需要回答父母上班对他们的影响。采访人员发现，孩子们并不觉得受到负面影响，但值得强调的是，许多孩子表示不喜欢放学后不能直接回家。

心理学家阿普特（Apter）在其著作《成熟的神话》（*The myth of maturity*）一书中，讨论了对于十几岁和二十几岁的年轻人来说，母亲对他们的关注和支持是何等重要，尽管他们同时也试图从家庭中分离出来。她还指出，很少有人认识到，年轻人的情感投资很大程度还是在他们的父母身上。

❋ 结论

关于母亲工作时间较长对儿童产生的长远影响，这方面可借鉴的文献还不多，因为直到 20 世纪 70 年代，许多女性才有机会进入到 SOC1 和 SOC2 这类职业中，同时也因为北美研究者倾向于将全职母亲与全职职员进行比较，而英国的研究则侧重于比较全职和兼职两类人群。本研究原创性地证明：相当比例的母亲，特别是那些持"理想主义"态度的母亲，虽然对自己在工作和家庭之间长期进行权衡感到内疚，但是女儿们对母亲的担忧并不赞同。此外，就母亲上班的好处，母亲们和女儿们看法一致。

几乎所有受访母亲都非常享受工作，但是她们的故事清楚表明，她们并不因此重视工作胜于母职，做母亲是她们身份的核心所在。所有母亲都很认真地管理她们的工作和母职，这说明她们考虑到日常安排中的取舍所带来的影响。这些结果证实了加里（Garey）的研究，他认为在职母亲就是构建一种工作和母职相互交织、"彼此支持"的身份认同的过程。加里还推论，职场母亲围绕自己的工作重新定义何为"好母亲"。虽然她的理论以夜班工作人员为基础，但我认为本研究中拥有事业的母亲也经历了类似的过程。例如，她们在家时以关注子女为重，而且反复陈述这样的观点：她们之所以把母职做得更好，是因为她们同时拥有令人满意的工作。这跟萨瑟兰（Sutherland）有关美国中产阶级白人母亲的研究结果一致。

本研究还区分出母亲们在态度上的两大差异，即在应对工作挑战的同时，如何当好母亲，并识别出了持有"务实"态度的母亲。"务实"派在工作和家庭需求的取舍中挑战了二元选择的观点。她们认为不可能把每件事情都做好，取舍是现实生活的一部分，同时她们觉得孩子并没有因为她们上班而受苦。她们觉得自己每天做出的决定通常结果都还不错，因为她们相信孩子感到被爱且有安全感。持"务实"态度的人也包括那些已经达到事业巅峰的母亲，这可能与她们对自己的工作和生活管理方式并不感到遗憾或内疚有关。另一个可能的解释是，许多对母职持有"务实"感受的母亲得到配偶更多的支持。对此，第八章将做进一步讨论。

这一代母亲表达了另一种主要态度，我以"理想主义"形容它，是因为她们的注意力集中在为自己和孩子做出最好的选择之上。她们会更频繁地感到内疚，对自己想要成为怎样的母亲和职员抱有清晰的界定，并且觉得在这两种角色上都没有达到自己的期许，因此对自己的多重身份感到很不舒服。尽管许多"理想主义"母亲比"务实"派母亲表达了更多的担忧，即她们的工作有时对女儿有负面影响，有时还向女儿表达这种看法，但她们的总体观点是，对于母亲工作对女儿们的影响，她们保持中立，因为母亲们自己已经做了许多妥协。

跟母亲相比，大多数女儿的看法更为积极。她们看到母亲为她们树立的榜样，看到母亲的经验、人脉和薪水带来的好处。她们还给出具体的原因，说明为什么不觉得母亲上班对她们有不利影响，她们的说明和本研究的5个关键主题吻合。

另外，女儿这一代的观点表明，她们不需要母亲时刻在场才能感受到母爱和呵护。几乎所有女儿都不反对母亲的职业管理方式，也不觉得母亲的职业管理方式有什么不妥。吉娜大学刚毕业，母亲是一家咨询公司的总裁，描述她妈妈时，她以自己将来也要当母亲、职员和配偶为参照，很好地总结了几大主题：

> 她绝对是一个非常投入的妈妈。她一直都这样，从不排斥母亲的角色。我认为她兼顾了母职和事业，我也想这样。我不希望自己在做母亲这个角色上让步……我也不希望自己受委屈，或者别人强加给我照顾家庭这个职责，或者我得承担更多，这也同样可怕。

本章得出了三大要点：

——职场上担任最高职位的女性人数仍然不足，不能说这是女儿反对母亲上班的后果，因为几乎所有女儿都觉得自己得到妈妈很好的抚育。

——母亲对母职和工作兼顾时产生的感受所持的"务实"态度，跟她们能否在职业生涯中晋升到高级职位有关联。

——女儿认为自己并没有因为母亲上班而受到不良影响，因为她们认为，在家长（尤其是母亲）需要在场的重大场合，母亲总会如期出席；她们知晓母亲的日常安排；母亲在家时对子女在感情上完全投入，女儿放学后在家里得到照看；并学会独立。

下一章将讨论本研究发现的例外情况，即对母亲工作时长持批评态度的女儿。

｜第三章｜
对母亲工作方式的反弹？

❀ 本章主题

　　讨论本研究时，我们经常遇到这样的说法：母亲那一代试图"拥有一切"，对工作和家庭都很上心，所以我们认定女儿会拒绝做母亲那样的人。如上一章所示，支持这个观点的证据很少。本研究中有少数几个女儿（31 名中有 3 名）认为母亲的工作方式对她们产生了负面影响，本章将更深入地探讨背后的原因，也会认真考察女儿们对母亲工作时间的评论。鉴于只有 3 个女儿觉得受到了负面影响，本章先讲讲她们的故事。

伊维特拥有自己的咨询业务，同时在一个公共部门担任高级职位。她是单亲妈妈，她回忆说，女儿亚丝明3岁时，她的伴侣离开了，全靠她一个人赚钱养家。她需要全职工作。她向雇主要求灵活的工作时间，每周两三天去学校接亚丝明，但遭到了拒绝。这意味着亚丝明6—10岁都得待在课后俱乐部。伊维特说，这段时间，亚丝明经历了与母亲分开的严重焦虑。这种分离焦虑症是从亚丝明偶尔去见父亲时开始的，她觉得很紧张。伊维特说，按女儿的说法，妈妈唯一的选择是工作，因为她们需要钱。伊维特说，亚丝明认为，要不是因为经济原因需要工作，妈妈会和她待在一起的。

但伊维特说，经济需要只是她工作的部分原因；另外，她也从工作中获得很多满足感。她经常感到内疚。她觉得，按亚丝明的希望，放学后和假期，妈妈最好每天都在家。但伊维特认为，亚丝明的焦虑源于她觉得被父亲遗弃了。哪怕伊维特改成兼职工作，也不会给亚丝明所渴望的那么多母女相处时间。工作以外的所有时间，伊维特都跟女儿在一起，其后果就是伊维特没有机会结交新伴侣，而这又意味着亚丝明仍是独生女。伊维特说，亚丝明觉得自己跟其他父母离异的孩子有所不同，因为她的父亲几乎没有参与到她的生活中来，而且她是唯一一个长久待在课后俱乐部的孩子。伊维特最为遗憾的正是后面这点，因为理论上讲（但实践并非如此），这是她相对可以掌控的方面：

> 我觉得如果我能在她放学后多花点时间陪她……虽然我
> 觉得她还是会有挣扎，但至少对她会有帮助。她去课后俱乐
> 部，每周 5 天……我觉得，其他孩子从学校被接走时，她明
> 显感觉到了这一点。

女儿亚丝明还在上大学，她形容自己有严重的焦虑症，觉得
父亲抛弃了她，而母亲上班不在的时候，她觉得母亲也抛弃了她。
亚丝明说，她当时告诉妈妈，她不想让妈妈去上班，不想让妈妈
离开太久。对此，伊维特的看法稍有不同。她说，她通过亚丝明
的行为意识到女儿对她上班的感受。不过直到亚丝明大了些，她
们才谈到这个问题。亚丝明讨厌夏令营和课后俱乐部，每天"被
照顾"到五六点钟，那感觉实在太糟糕了。亚丝明的经历和同龄
人形成了鲜明的对比，她认为大部分同龄人的家长"选择留在家
中，尽管如此，生活依然丰富"。她还形容她的家庭"与众不同"。
　　亚丝明不怪妈妈，她说因为经济原因，伊维特别无选择，
只有工作一途，这与伊维特的叙述相吻合。但她还是怪母亲低
估了自己的焦虑症，"她一直相信这只是一个阶段"。亚丝明最
终的看法是：

她不在的时候太多，很难让人有安定感……如果她工作少点儿，我的一些问题可能会得到解决，因为她会有时间倾听我，了解我。我觉得妈妈当时可能承受不了孩子心理有问题的压力，所以我认为妈妈和我一样艰难。我心知肚明，她确实有内疚感。

不同于之前谈到的许多女儿，亚丝明没有提到母亲从工作中获得享受或满足。她未来的梦想是和伴侣一起努力，共同创建一个"稳定的家庭"。她16岁开始跟伴侣在一起。（孩子出生后）她想继续工作，和伴侣分担子女的课后照顾，让孩子"有机会跟他们想一起玩的人玩"。这进一步说明她对课后俱乐部的憎恶。

还有两个女儿也不喜欢母亲在她们成长过程中"优先"对待工作的做法，她们分别是刚开始工作的坦尼娅和本科生奥利维娅。与伊维特一样，坦尼娅的母亲塔拉也是单亲妈妈，父亲在女儿的生活中也是缺位的。现任公司董事总经理的塔拉说，她担心"因为工作，我会成为一个不称职的母亲"。塔拉在十几岁时生下女儿，她所选择的职业工作时间长，而且在国外，所以在坦尼娅小的时候，塔拉跟她相处的时间不多。她说，坦尼娅常常说她讨厌这样，她想念妈妈。坦尼娅证实说，妈妈长期不在，她非常想念妈妈，并为此感到难过。过去几年的反思让她意识到，自己对此很生气，她认为妈妈"真的不应该如此看重工作"。

她把问题归因于单亲家庭的特殊情况。长大后，她交了很多父母离异的朋友，但这些朋友的父亲并没有完全缺席女儿的生活。将来有了孩子后，坦尼娅打算兼职上班，虽然她担心这对她的事业会有影响，因为她相信她会喜欢自己的工作。如何看待成长过程中有一个事业成功的母亲？坦尼娅的最终结论自相矛盾：

> 我为妈妈感到骄傲。她有出差机会，这正是我想进入同一个领域的原因，但我也质疑这是不是一个好主意，因为我不希望我的孩子过这样的生活。虽然我也觉得单亲家庭是主要原因……但我私下里认为在家做全职妈妈会很无聊。我可能无法以同样的方式敬重（在家照顾孩子的全职妈妈）。而且，知道妈妈为自己放弃一切会造成很大的压力……所以虽然有时候很难，但我也很高兴妈妈在工作。

奥利维娅的母亲奥拉强烈认为，父母当中，有一方应该留在家里抚养孩子。对她的家庭来说，因性情和经济原因，最适合这一角色的人是她丈夫。奥拉说，女儿奥利维娅对有家长在家这点非常看重，但是她更希望留在家的人是母亲。奥利维娅用很情绪化的语言描述她的养育问题，称她的情况"不自然"，说父亲"怨恨"自己承担的角色，虽然她也承认父亲对她的情感回应良好。

在母女联合访谈中，奥利维娅说母亲不是一个好妈妈，因为

"如果你工作太多，你就不是一个好妈妈"。奥利维娅说，作为孩子，她觉得没有从母亲那里得到足够的关爱，她嫉妒朋友们，她们的妈妈全天在家，会去学校接女儿，陪女儿在餐桌上一起做功课。奥拉把奥利维娅的一些问题归咎于她与学校的同龄人做比较："大多数母亲曾经都工作过，但后来放弃了……妈妈们到学校门口接孩子……我想她会喜欢的。她喜欢跟大家一样，她不喜欢非传统的生活。"奥拉的回应是，在奥利维娅 13 岁的时候，转成半职上班，不过奥利维娅记得的是 15 岁时的情况。

伊维特和亚丝明的叙述印证了本研究中多数女儿所分享的主题，即第二章所讨论的内容。首先，许多女儿有相同的想法，喜欢放学后直接回家，至于谁在家里照顾她们，并不重要。亚丝明母亲的情况意味着，她在课后俱乐部待的时间比其他女儿要长。其次，亚丝明和奥利维娅的叙述表明，她们觉得在学校"合群"、母亲参与学校活动非常重要。最后，对缺乏伴侣支持所致的困难，伊维特和塔拉表示愧疚。她们俩也很难安排灵活的工作时间。这些都是困扰本研究中其他母亲的问题。

在受访女儿中，亚丝明的独特之处在于，她跟父亲没有接触，她有心理健康问题，母女双方都强调，亚丝明在课后俱乐部待的那些岁月使她"与众不同"。奥利维娅也提到她跟别人不一样。在校门口接她放学的人是她的父亲（他以前做的是体力活），只有她一个人是这种情况。这也印证了整个样本的发现，即在学校活动中,女儿考虑母亲的职业对她们的影响时,同学的评判是一个重要因素。

※女性应该工作,但不能太多

随着时间的推移,社会对在职母亲的态度发生了很大的改变。英国社会态度(BSA)调查测试了长期以来人们对性别角色划分的反应。1984年,有43%的人同意"男人的工作就是赚钱,女人的工作就是照顾家庭",到2012年,只有13%的人认同这个观点。

这表明本研究中的母亲这一代是非典型的女性代表。美国的研究也表明,人们坚信女性应该对子女负主要责任。皮尤研究中心发现,51%的男性和女性受访者认为,母亲留在家中不上班对孩子更好。而只有8%的人认为父亲留在家中不上班对孩子同样有益。从某种意义上说,在职母亲就是坏母亲这个观念具有文化韧性,主要因为她们被认为是在工作与家庭之间做了二元选择,这点经常被媒体放大。

麦克雷研究中初为人母的母亲与本研究中的母亲属同一时代。然而,麦克雷的研究表明,在英国,绝大多数的在职母亲(无论她们参与有偿工作的程度如何)都认为可以兼顾事业和母职。根据她的研究,92%的全职母亲不同意"女性不能兼顾职业和孩子"的说法;在几乎全职工作的母亲当中,88%的人不同意这个说法;

在持续兼职工作的母亲中，不同意该说法的人占71%；在几乎兼职工作的母亲中，69%的人不同意这个表述；在积极参与经济活动的母亲中，认同这个观点的比例急剧下降到55%。

丝毫不令人意外的是，女性对兼顾工作与母职的态度反映在她们的行为上。英国社会态度调查并没有按照调查参加者的工作状态区分调查结果，但是调查表明，社会普遍认为，母亲不应该像父亲一样工作那么长时间。1989年，只有2%的国民普遍同意，家中有学龄前儿童的母亲可以全职工作，26%的人认为她应该兼职，64%的人认为她应该留在家里。而在2012年，赞成全职的占5%，赞成兼职的占43%，赞成留在家中的占33%。

这表明了各代女性对生完孩子后可否工作的观点在变化，但是女性不应该全职工作的观点持续存在。女儿们的观点正是基于这种占主导地位的"文化脚本"。因此，很少有女儿批评母亲在她们童年时期工作时间过长。

❈ 代际价值观的传递和工作时数

长期以来，心理学和社会学文献都认为，在影响子女就业模式方面，与子女相同性别的父母起到榜样的作用。性别工作角色的社会化通常通过3个主要渠道实现：父母对性别适宜行为的强化、儿童对同性父母及整个社会行为的模仿。麦吉恩（McGinn）

等采用 2002—2012 年 24 个国家的全国性档案资料，比较了样本中母亲工作和不工作的成年子女，发现在职母亲的子女如果工作，获得雇佣的可能性更高，工作时间更长，位居监督职位者更多，而且收入更高。

奥利维蒂（Olivetti）和帕特齐尼（Patacchini）在美国的研究对此提供了另一种解释，他们发现，母亲的工作时数与其他母亲不同时，女儿倾向于模拟母亲的工作时间，因为同时有多种模式可效仿时，人们倾向于模仿跟自己最近的人。然而，本样本中的女儿希望缩短工作时间，这与朋友的母亲是否工作并没有多大关系。本研究的理论框架来自坎宁安（Cunningham），他认为，父母在实践中塑造非传统的性别角色时，他们的行为方式比来自社会的性别规范信息更可能传递给子女。

❊ 工作时间和专业工作的压力

著名学者琼·C. 威廉姆斯（Williams）的研究清楚地表明，从组织角度来看，"理想工作者"是那些长时间工作的人。如第二章所述，利昂莱特等认为，从事专业性和管理型工作的母亲经历高强度的工作和生活冲突，因为她们既要长时间工作，同时又要比她们的男性伴侣承担更重的家庭生活责任。在许多研究中，工作与生活之间的冲突与母亲的内疚感有关。

　　例如，在对 20 对异性伙伴关系所做的定性研究中，加特莱尔（Gatrell）认为，在职母亲感到内疚，因为她们的工作与母职有冲突，而参与研究的男子则没有提到这种压力。霍克希尔德的研究清楚地表明，母亲们付出了情感代价，主要是她们在兼顾工作和家庭职责时，感到双重压力。如果做母亲的不喜欢妥协并告知女儿，那么，这可能会导致女儿不愿意像母亲那样付出同样的努力。

　　衡量是否"努力工作"有一个简单的标准：看一个人在工作上花了多少时间。不少研究已提出了工作时间与压力之间的关系问题。巴尼特（Barnett）的研究发现，工作时间本身与父母的烦恼之间并没有很强的联系。罗克斯堡（Roxburgh）特别关注专业和管理人员，他的研究表明，高收入可以缓解时间压力对母亲抑郁症的影响。母亲本人对自己和他人描述自己的工作时间的方式，也很重要。

　　雅各布斯（Jacobs）和格尔森（Gerson）对工作时间和家庭的跨国定量研究表明，对从事专业和管理职业的伴侣来说，每周工作时数超过 40 小时理所当然。加林斯基（Galinsky）在美国进行的定量研究也发现，跟全职母亲相比，在职母亲的健康状况较好，抑郁症发作次数更少。加赖斯（Gareis）和巴尼特对美国名全职，或不完全全职的女医生进行了研究，他们发现，母亲的表与子女学校的时间表是否合拍，比工作要求或工作时间更能亲的烦恼。

有证据显示，长时间从事高技能工作不太可能对母亲的精神状态造成损害，特别是在母亲可以驾驭其工作，并配合家庭责任的情况下。本研究的定性数据也表明，绝大多数女性都喜欢自己的工作，这意味着因工作而产生的困扰不太可能成为她们的主导体验（见第二章和第四章）。博斯托克（Bostock）关于职业女性成功意义的研究支持我的发现。这些因素使女儿一代不太可能对工作时间产生负面看法。接下来看看母亲工作时间是否对子女产生影响。

※ 母亲的工作时间较长，是否对孩子有害？

近年来，有几个样本量很大的纵向研究有力地挑战了这一观点：在职母亲的子女更可能经历精神压力。麦克姆恩（McMunn）在英国的"千禧群研究"中，着重从这几个方面对参与人员进行纵向跟踪调查：情绪症状、行为问题、多动症和同伴关系。3次调查的结果显示，跟其他女儿相比，不从事有偿工作的母亲，其女儿出现行为问题的概率高出6倍，而这些差异跟家庭收入、母亲的教育程度或母亲是否患有抑郁症无关。其他研究还考察了年龄较大的子女的观点，与本研究关联度更高。

这些研究表明，能证明母亲的工作时间可能造成损害的证据很少。门多利亚（Mendolia）考察了1994—2006年英国家庭调查数据，比较了自我报告的心理健康指标、吸烟与否，以及16

岁就想离开学校的意愿，结果显示，负面影响与（母亲）工作时间并没有明显关系。这项研究的优点在于，通过比较兼职（每周工作少于 25 小时至 30 小时）和全职工作（每周工作 35 小时或以上），所得到的相关数据一致。所有参与研究分析的母亲都在从事有偿工作，而且这些研究结果适用于各个经济群体。但可惜的是，没有调查母亲不上班的时候在做什么。

门多利亚的研究建立在比安奇（Bianchi）研究的基础之上，她认为母亲工作时间长不会损害孩子成长，一个原因是，跟兼职工作的母亲相比，全职工作的母亲陪伴孩子的时间不见得就少。据门多利亚推断，全职母亲在家务上花费的时间较少。上文讨论过的麦吉恩的纵向研究也验证了这一理论。

同样，米尔琪（Milkie）采用平行数据在加拿大进行了一项纵向研究，考察父母的时间投入对（孩子）教育、行为和社会福祉（包括青少年犯罪）的影响。他们把 3—11 岁（n=1605）的孩子和 12—18 岁的孩子（n=778）分开来，还分别考察母亲、父亲和父母一起陪伴孩子的时间，并区分"可用时间"（父母在场但不与孩子互动）和"参与时间"。他们的结论是，母亲（或父亲）陪伴孩子的时间，与孩子的学习成绩、行为或情绪问题之间没有明显联系。但他们确实在青少年群体中发现了差异。这证实了本研究中许多母亲的观点，她们认为，在孩子青春期早期，要多跟孩子在一起。与母亲独处的时间长短，影响到年轻人是否可能参与青少

年犯罪；与父母双方共同度过的时间多少，直接影响子女行为和
情绪健康方面的总体结果。

这是一个非常有价值的研究，它试图量化陪伴孩子的时间所
产生的影响。米尔琪等人承认，参与时间并不一定意味着高质量
的陪伴，因此他们引用加林斯基的研究，提出父母没有压力，而
且相信所做之事对自己和孩子都好，则孩子们更可能受益，因为
父母的态度会反映在对子女的回应方式上。

加林斯基采访了美国1000多名8岁至18岁的儿童，要他们
对父母的各项养育技能打分。只有10%的孩子希望母亲花更多
的时间陪他们，但母亲是否在职并不影响孩子的答复。不过，有
34%的孩子希望母亲下班后不要太疲惫，压力不要过大。

加林斯基的结论跟本研究的结果很有关联，即与质疑自己
选择的父母相比，对自己的选择感到满意的父母能更好地回应孩
子的需要。这会正面影响到子女在社交、情感发展以及学业上的
表现。加林斯基研究的一个局限性是，74%的受访者对母亲进行
了积极的评价，但余下的26%没有提供任何解释。克里斯托弗
（Christopher）认为，在职母亲子女的成长受到几个因素的影响，
即母亲如何外包孩童照顾职责，如何安排子女的社交互动，以及
不在孩子身边时，如何让孩子通过电话或网上交流的方式随时与
她们保持联系。上面提到的几项研究都没有考虑到这一点。

然而，所有这些研究都强有力地说明，在职母亲（包括兼

职工作的母亲）并没有因为工作而牺牲子女的利益。它证实了本研究的结果：母亲工作时间对女儿没有造成负面影响。然而，这个结果并不适用于本研究中的所有女儿，所以现在回过头来，看看本章开头谈到的那些对母亲工作方式不满意的少数女儿的看法。

❀ 不喜欢母亲的工作时间：女儿的解释

加林斯基发现，8—18岁的子女中，有26%的人给母亲评了负分。本研究中，这个比例占1/3，31个女儿中有3个（10%）这样的女儿，其中有两个是单亲母亲，父亲缺席，且两个母亲都持"理想主义"态度。第三个是样本中唯一一个丈夫留在家里养育孩子的例子，该例中的母亲持"务实"态度。这3个案例中的女儿在成长的不同阶段，都与母亲讨论过对母亲工作时间的感受。

三个女儿中有两个20岁出头，还没有完全离开家，她们对母亲的工作时间有很大的意见。我考虑过她们的负面看法是否与她们刚脱离孩童时代有关。但样本中有8个女儿要不还在上本科，要不刚刚大学毕业，她们并不觉得母亲的工作时间对她们有负面影响。所以，对此负面观点，应该还有其他的解释。

另一个可能的原因是，三个有负面情绪的女儿中，两个出自单亲家庭。不过，本样本中还有另外三个女儿童年时期也主要是跟单亲母亲一起生活。这三个女儿也经历了特别的托儿安排，并时不时会伤心，或者担心失去母亲。已经身为人母的女儿汉娜形容她会担心母亲是否发生意外，再也回不了家。但是，这3位单亲家庭的女儿并不觉得母亲的工作给她们带来了负面影响。大学刚毕业的阿什利是这样总结的："我不喜欢她离开，但我从不觉得她把工作看得比我还重要。"所以，是单亲家庭孩子的这个解释并不充分。

葛朗伯克（Golombok）分析了全球35年的研究，得出的结论是：无论家庭结构如何，在有爱、安定的家庭中，孩子健康成长的可能性更大。然而，值得注意的是，三个有负面感受的女儿中，有两个女儿的父亲缺席，而且没有兄弟姐妹。因此她们与母亲的关系特别密切，母亲上班时，她们对母亲不在身边的感受尤其强烈。而且，母亲上班时，家里也没有其他人可以陪伴她们。

从单亲家庭子女的角度进行研究的文献很少。莫里斯在博士学位论文中指出，单亲母亲和独生子女之间的情感可能特别强烈。此外，加尼翁（Gagnon）的博士学位论文以130位单亲母亲的子女为研究对象，这些母亲同时也是家中第一代受过高等教育的人。她认为，社会压力会通过很多微妙的方式体现出来，让单亲家长的孩子感觉自己与所谓"正常"双亲家庭的同龄人不一样。

综上所述，我认为，这些女儿觉得母亲的工作给她们带来负面影响，主要是因为她们觉得自己跟同龄人不一样，这让她们很烦恼。对奥利维娅来说，10年前，父亲在家照顾孩子的情况非常少见。奥利维娅看到的其他差异是，在私立学校门口接孩子的家长中，她的父亲是唯一一个体力劳动者。

亚丝明感受的不同之处在于，她的生活中几乎没有父亲的参与，而且她比同龄人在课后俱乐部待的时间要久。坦尼娅觉得，父亲完全缺席她的生活，加上母亲长期在外工作，导致她与其他同龄人不同。

这些女儿家里没有兄弟姐妹，同时也很焦虑，因此她们对母亲不在身边的感受格外强烈。结果，女儿认为母亲的工作时间对她们产生了负面影响，乃是因为她们觉得母亲藐视了关于母职的主导文化脚本，也就是米勒（Miller）所描述的，"好妈妈"是无私的，可以随时满足子女的需要。

❋ 女儿效仿母亲的工作时间

现有文献提出了这样一个问题：母亲工作时间长，女儿是否也会因此想跟母亲一样，在工作上花同样多的时间？本研究中的多数女儿似乎都认同这个观点：职业必然需要长时间工作，正如刚大学毕业的艾米莉所说："以职业为中心似乎很自然……我不介意工作成为我的生活重心。"

即使有负面情绪，坦尼娅也不排斥像母亲一样努力工作。她也从母亲的行为中认识到，工作可以且应该愉快有趣，这也是为什么人们要在工作上花时间。正如很多人所说："这不仅仅是一份工作。"坦尼娅解释道："看得出来，她工作非常努力，因为她喜欢所做的事情，我想这就是我从她身上学到的。我也要找到我喜欢做的事情，然后完全投入，尽心去做。"

我确实遇到过这么几位女性，她们表示想缩减工作时间，以便有更多的闲暇。特文格研究"千禧一代"的价值观，她的研究结果印证了这点。娜塔莉是一位律师，她曾经和朋友们说起过，希望可以留给自己更多的时间，并表示希望通过兼职工作达到这个目的：

> 有时候，我很想做兼职。朋友们会讨论该如何做……我觉得无论是否有孩子，工作与生活平衡对我们来说都很重要……每周留一天的时间给自己，比每周工作5天、赚更多的钱，更为重要。

另一个例子是菲奥娜，她入职两年，每周工作约55个小时。她解释说，她希望工作和生活之间"多点平衡"。她担心见到朋友的机会不多而疏远了他们。她形容自己很好强，喜欢有压力的生活，但也表示这样会很容易对伴侣态度急躁。她想工作少点，这样她会感到"更快乐"，成为"可以更愉快相处的人"。菲奥娜批评她的雇主、她自己和同事，因为大家都觉得长时间工作很正常，她说："总会有人比你做得更多……人们努力工作，想升职，这意味着每个人都踩着彼此往上爬。如果有人争取到这次升职机会，那别人就只好努力争取下一次。"

在此情况下，女儿对长时间工作的看法，与她们对母亲工作方式的观察，二者之间没有关系。与前文提出的问题相关的是，有几个女儿直接提到不想像母亲那样卖力工作，但持有这种看法的女儿占少数。

佛罗伦萨做市场营销，她的工作时间非常长（每周超过 50 小时），接受采访时，她表示不想继续这样。她的工作时间让她联想到，父母该是如何卖力才成为"超级大人物"的，因此她想："我不想管理大公司。如果我现在就要放弃这么多时间，那以后我干脆就住在办公室好了。"

不过，与其说她在批评父母，不如说是对工作时间长这种职场文化的指责。少数几个女儿明确表示（如刚刚毕业的伊莎贝儿），不想从事父母那种对时间很苛求的职业："他们两人的事业都做得很大……他们没有多少时间……他们给了我很多钱，所以我可以不用选择他们那样的职业。"伊莎贝儿还谈到她的感受：因父亲离家在外工作，导致父母关系很僵，这给她带来了负面影响。

有趣的是，没人提到母亲把工作压力转嫁给女儿。相反，有几个女儿担心母亲（而不是自己）身兼工作和母职会受苦，如医生薇洛：

> 我知道对她来说当时有多困难……长大成人的一个好处就是……我可以给她提供支持……我希望她的工作压力不要太大。我告诉她要放慢脚步，悠着点儿。

大多数情况下，女儿知道，母亲承受的压力大小与她们和配偶关系有关。另一个有些令人惊讶的发现是，辛勤工作是在兼顾工作与家庭生活的背景下进行的，但有关这方面的评论很少。这证实了伍德菲尔德（Woodfield）的发现：女性兼顾母职和工作的示范并没有引起研究参与者的注意，因为她们把母亲的工作视为独立存在的项目。

总的来说，对工作时间表示担忧的表述主要针对以下几点：想要更多闲暇时间，对职场紧张工作时间的排斥等。值得注意的是，在工作时间上，在以男性为主的行业中工作的母亲经历了更多的难处。这证实了辛普森（Simpson）对221名英国经理人员的研究。母亲的工作方式使女儿不想对工作有同样的付出，就这一点而言，来自女儿这一代的证据很少。代际差异在于，同本研究中的母亲一代相比，女儿有更多灵活工作的方式可供选择。缩减工作时间对许多女儿之所以有吸引力，似乎并不是因为她们排斥母亲的工作经历，而是因为个人原因。

❋ 结论

孩子上学期间，女性应该兼职，这个想法仍然是许多国家的主导文化脚本。此外，大量研究表明，兼顾孩子和工作责任的压力会很大，对母亲尤其如此。然而，对于母亲长时间工作会对儿童带来负面影响的这一看法，许多研究者包括我自己在内，提出了令人信服的挑战性观点。

在自身的健康和福祉方面，多数从事专业性和管理型职业的女性都还差强人意。因此，职业女性向女儿展示的压力并非不可避免，特别是她们多数人都喜欢自己的工作，可以根据孩子的时间灵活安排工作，而且自己尽量承担其中的妥协。这里要提到的一个重要条件是，所有被引用的研究（包括我自己的研究在内）样本中，大多数女性每周的工作时间不超过 50 小时。这与英国贸易和工业部的统计数据一致，即 4% 的职业女性每周工作 48 小时以上（其中大约 66% 的人从事管理或专业工作），只有少数女儿表示不愿意像母亲那样卖力工作。但这并不表示她们在批评自己的成长过程，而是跟女儿们自身想要过什么样的生活有关。由此呈现的一个主题是，从事专业工作的女性对长时间工作的职场文化颇有烦言。

当然，凡事总有例外。在我的样本中，31 个女儿中，只有 3

个女儿认为母亲的工作方式对她们有负面影响。她们的观点似乎源于她们与同龄人不一样的感觉，其中两个女儿是独生子女，且父亲缺席，由母亲单独抚养。

本章得出的三个要点：

——大量研究（包括本研究）表明，母亲从事专业性和管理型职业，且工作时间长，与是否对孩子造成负面影响，二者并没有明确的关联。

——有证据表明，女性排斥工作时间长的职场文化，但这与母亲向女儿传达工作时间的压力无关。

——本样本中有 3 个女儿不愿意效仿母亲的工作时间，其中有两个跟母亲的关系很紧密，她们既没有父亲，也没有兄弟姐妹介入来缓和母女关系。这 3 个女儿似乎都很排斥与同龄人不一样的想法。

第四章探讨母亲一代对女儿职业选择的影响。

| 第四章 |

职业选择：有其母，必有其女

❀ **本章主题**

本章着重讨论女儿辈职场生活的起点，并考察母亲辈对女儿职业选择影响的性质。本章还提出了这个问题：女儿在选择职业追求的方向时，是否会效仿母亲。

杰西卡在大学的最后一个学年，她母亲简的事业如日中天。杰西卡告诉我，父母都鼓励她学有所成。对于未来从事什么职业，她同母亲讨论得尤其多。她形容母亲"强烈鼓励"她思考想做什么工作，鼓励她积极获取经验和参加课外活动，以形成富有竞争力的简历。简的介入常常导致母女间"细小的摩擦"。

杰西卡并不觉得妈妈指定要她从事特定职业，但她妈妈非常投入地帮助她下决心，推动她与自己的朋友、熟人展开职业讨论，积极安排她实习。杰西卡说："她希望我明白什么（工作）好，然后着手行动。"杰西卡和妈妈讨论过工作的事，她的结论是："说到我的职业，我妈的影响可能是最大的，我想因为……我们很像……我对她所做的事也很感兴趣。我想我们会有相似的方向。"本研究中，有少数几个人主动把母亲称为自己的榜样，杰西卡是其中之一。

简说她热爱工作，工作带给她自我价值感、乐趣和智力上的刺激。她表示自己往往与同事和客户成为好朋友。简显然把这话告诉了女儿，杰西卡用极其相似的语言描述她希望从工作中得到什么。

母亲强烈影响女儿的职业价值观，并帮助女儿找到自己的道路，这个主题在多数受访者身上都很典型。其他母亲对女儿职业选择的影响甚至更加直接，坦尼娅和塔拉母女的故事就体现了这种情形。

> 塔拉（母亲）："她在大学修了与我当年同样的科目……进了同样的行业。太有趣了。"
>
> 坦尼娅（女儿）："我们讨论过我的职业负担……我觉得她是我的领路人，她告诉我，这份工作会带给我巨大的乐趣……她去过很多地方，积攒了引人入胜的故事……我想做类似的事情，这似乎再正常不过。"

坦尼娅的妈妈在工作中结交了很多朋友，他们大都到过她家。如同媒体一样，跟妈妈和她这些朋友的交谈影响了坦尼娅的观点。塔拉为女儿安排了实习工作，坦尼娅认为，她能考上研究生，进而得到即将开始的那份工作，实习经历是一个重要因素。

坦尼娅说，尽管母亲直接影响了她的职业选择，但她并不觉得母亲给她施加了压力，也不觉得传承母亲的职业是为了取悦母亲。塔拉在交谈中告诉我，她一直尽力避免对女儿指手画脚。我采访的许多母亲都强调了这一点。她们认为自己的角色是帮助女儿认真琢磨各个选项，在女儿奋力挣扎时，充当支持者、开门人甚至保护者。

据我观察，大多数母亲都没有逼迫女儿从事某个特定职业，但几乎都积极鼓励、建议和塑造女儿的职业期望。这些妈妈大都希望女儿表现良好，谋求一份有价值的工作。值得注意的是，母亲们和女儿们都相信辛勤工作的价值，都对无聊感到恐惧。

当然，支持感与压迫感之间的界限非常微妙，本科生亚丝明对她妈妈的评论就说明了这一点："她在学习上对我从不强求，但她认为我上大学是理所当然的事。"女性感到压力，觉得自己必须"完美"，并为此付出了自信和焦虑的代价——这是一个老掉牙的话题，稍后我会谈及。大多数女儿认为母亲并不总是正确，但总体上给了她们支持和鼓励。这些女儿大都清楚自己的奋斗目标，都希望有一份既有趣又有吸引力的职业，希望做有社会价值的事情。

※ 站在母亲的肩头

我在本章开篇提出了这个问题：在追求职业时，女儿会效仿母亲吗？职业角色和价值观念在一代代母女间传递，这个观念得到了现有证据的有力支撑。工作价值观和职业选择有关个人身份认同，也就是说，有关"我是什么样的人"。自我概念与工作角色认同之间的联系基于休珀的研究，他认为，"实际上，选择职业就是选择实现自我概念的手段"。

古特佛里森（Gottfredson）做职业选择研究时，把个人选择放在产生选择的社会和心理影响环境中考察。她强调，职业知识具有主观印象特性，这意味着，各种选择往往是个人将其自我意识，与对职业角色的模糊印象进行匹配的过程。正如古特佛里森所说，"职业形象几乎完美诠释了职业赋予当事人的生活方式，也说明了此人是何种类型的人"。

说到母亲对职业选择的潜在影响，古特佛里森认为，个人的主观印象性知识部分来源于对父亲工作的谈论。她的著作写于1981年，有理由认为，现在不仅是成功的父亲，成功的母亲同样给女儿这种认识，尽管只是一个模糊的印象，却也影响到她们的职业选择。

※ 教育程度

艾肯鲍姆（Eichenbaum）、奥巴赫（Orbach）和劳勒（Lawler）认为，由于和女儿有着相同性别，母亲把女儿与自己视为一体，内心保留了一些自己曾经作为女儿的部分，并无意识地以这种态度对待女儿。母亲自己也是女儿，沃克丁等人将这个概念与职业相联系，认为中产阶级母亲觉得有必要促使女儿推迟享乐，努力实现潜力。沃克丁等人将这种潜力描述为"上大学并成为专业人士的命运"（同上）。劳勒认为，母亲塑造女儿的行为，这种做法是中产阶级儿童的一个特殊问题，因为"中产阶级性（middle class-ness）已成了正常的代名词"。

一般认为，中产阶级母亲把"优秀自我"与促进女儿实现潜力的教育程度等量齐观。劳勒指出，在情感和物质方面，中产阶级母亲比其他社会阶层具有更加优越的条件，在帮助女儿获得好工作的资格，以及实实在在帮助她们找到好工作方面，都能提供建议和协助（同上）。沃克丁等人研究女儿的观点，也得出了同样的结论。他们认为，相比劳工阶层女孩，中产阶级女孩更可能具备拥有好工作、取得经济成功的想象，她们具备的内外部资源也有助于她们过上有意义的职业生活。这种职业愿景传递的证据得自一项纵向研究，该研究采用了美国全国青少年健康纵向调查，调查对象达90000人。

奥利维蒂等人运用计量经济学分析方法，在考虑受教育程度、家庭财富及地理区位的条件下，对比了两代女性的工作时间：1978—1984年出生、年龄22—34岁的女性，和她们的母亲及她们经常接触的母亲友人。他们的主要发现是，如果母亲受过大学教育，则她的经历对女儿的工作时间影响最大。这项研究强调，母亲鼓励学业具有重要作用，让人期盼走上高技能职业道路，从而充分利用各项资格。

❋ 职业期望的角色示范

本研究样本包含在职母亲和非在职母亲。对两类母亲的研究提供了进一步的证据，支持中产阶级母亲确实影响女儿工作方向的假设。美国研究者摩恩等人对 256 对母女进行了抽样调查，发现中产阶级女性在女儿心目中造就了长期就业的期望。无论母亲是否就业，情况都是如此。这表明态度比行为更重要。

摩恩等人对 1956 年和 1986 年同一批样本的性别和对工作角色的态度进行了对比，进一步强调了他们的发现。他们的比较研究表明，女儿的态度更多地与母亲本人的态度密切相关，而与母亲的关联较弱。摩恩等人由此得出结论：社会化过程"通过口头劝说，比进行角色示范更重要"。

这些发现为麦吉恩等人最新的研究所证实。他们研究了 24 个国家 2002—2012 年的国家档案数据，对比了各国有代表性的在职与全职主妇两个群体的成年子女样本，发现在职母亲的子女就业的可能性更高、工作时间更长、担任监督职位者更多；如果获得雇佣，收入也更高。这表明（但没有直接探讨），孩子们并不叛离母亲树立的范例。他们发现在职母亲以更平等的态度对待儿女，认为这在一定程度上导致了这种结果。

作者们还推测，母亲向女儿传递信息和技能，帮助她们驾驭事业的航向。然而，摩恩、麦吉恩及其同伴的研究有其局限性，他们对比的对象是在职母亲与非在职母亲，这个比例不符合英国女性的情况。英国女性大多在职，只不过工作时长有差异。另一方面，伍德菲尔德的主要研究对象为16—22岁的年轻女性，并比较了女教师和女消防员（24—62岁）这两个群体。他的研究表明，母亲对女儿职业的影响并没有那么大。伍德菲尔德发现，女儿认为母亲"就个人觉得什么样的职业有望得到支持方面有显著影响，但这种影响并不具有压倒性的力量"。

总之，关于母亲向女儿传递（口头或示范）自身工作价值观的方式，学者们有分歧。大多数学者认为，母亲应该支持和塑造女儿的职业价值观，而不是直截了当地引导她们走上特定的职业道路。大多数学者也同意，对学业的鼓励往往演变为对成就的期待和对工作的投入。

❋"妈妈是对我影响最大的人"：女儿如何描述母亲的影响力

本节考察本研究中的女儿如何描述母亲对她们的影响。同我见面之前，母女各自填写了在线调查问卷，这样，我的一些问题就可以引起自然而然、不经人为干预的回答。我请女儿们回答，满分10分，不同的人对她们的职业选择影响有几分。图4-1呈现了她们的答案。

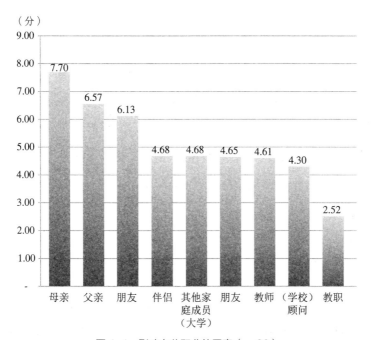

（分）

图 4-1　影响女儿职业的因素（n=30）

从图 4-1 可以看出，大多数女儿认为，对于她们的职业选择，母亲是影响最大的人。许多访谈都直接证实母亲的影响非常重要，正如"女儿母亲"汉娜的情况所示。她最初搞艺术，后来像她母亲一样做了教师：

> 我听了好多关于我妈工作的故事，小时候，妈妈是我课
> 外班的老师，圣诞节我去她学校观看戏剧表演，因此，我经

常看到工作状态的她。有趣的是，我也成了一名教师，而且可能还是与她非常相似的老师。我见识了她的风格。

正如我在本章序言中所说，大多数情况下，女儿们都说母亲并不期望也不推动她们选择特定的职业。相反，许多母亲积极引导女儿选择或规避某些职业，并设定令人满意的长期职业期望。可以把母亲施加影响的方式形容为"直接"或者"间接"。所谓"直接"指毫不含糊地指向结果的行动，而"间接"指"塑造女儿做决定的环境"。

间接影响

我从女儿们谈到的间接影响事例开始。这些例子涉及学业成就和强烈的职业道德传递，更多地反映了中产阶级的工作设想，以及以金钱促进女儿的能力提升，从而可以追随有吸引力（因此竞争激烈）的事业方向。她们的母亲也体现了愉快和满意的职业带来的价值。

第一个主题涉及母亲对学业的鼓励，这与女儿们找到有趣、有价值工作的愿望一脉相承。伊莎贝儿对此有很好的表述："作为学生，我知道我应该是非常优秀的学生，我也的确是……我一直很清楚自己的角色。"有些女儿认为这种影响构成压力，扎拉就有这种感觉："我妈绝对属于'爱之深，责之切'的那种人，尤其是在学习上……我们家人爱开这么一个玩笑：如果我们告诉妈妈'我得了个 A'，妈妈的回答一定会是，'为什么不是 A 加五星呢？'"

众所周知，学业成就与获得高层次工作息息相关，大多数大学的网站和小册子对此都有说明。这些女儿几乎都上的是牛津、剑桥或罗素大学集团大学。最近的数据显示，罗素大学集团 67% 的毕业生居于高技能岗位，而其他大学只有 53% 的毕业生获得高技能工作。

许多女儿谈到，上学伊始，母亲就向她们传递了强烈的职业道德，这种精神最终变成了她们的人生"咒语"。妈妈们向女儿指出努力工作、"坚持"和"有耐性"的必要性，她们常常说，这也是她们这一代人自身的教养，并且已经成为代代相传的家庭传统。劳工阶层和中产阶层的情况都是如此。母亲们常常把鼓励勤奋工作的话挂在嘴边，女儿们也反映了同样的说法。艾莉森和阿什利母女是这方面的典型。艾莉森任营销总监，她谈到向女儿阿什利传达了她父母对辛勤工作的关切："阿什利有强大的决心。她不是那种畏首畏尾的人，我认为这源于我的灌输……在决心、职业道德和内心动力方面，我父母堪称楷模。最重要的是全力以赴。"

女儿阿什利毕业不久，她在接受采访时表明，她已经内化了这个信息：

呃，妈妈工作非常努力……我猜想她一直奋发图强。她总是希望我做得很好，所以竭力推动我。她一直敦促我非常努力地学习，我也对此心怀感激……现在我已经建立了很强的职业道德感……我觉得很多人都可以取得更大的成就，所以应该尝试，做力所能及的事情，否则就是懒惰，不是吗？

母亲传达职业道德信息时，往往同时传递这样一个观念：只要肯为之奋斗，任何工作女儿都干得下来。艾莉有自己的企业，如她所说："妈妈爱说这句话：如果努力工作，就没有理由做不到决心要做的事情。"这证实了沃克丁等人的结论：中产阶级母亲给子女提供建议，帮助他们做准备，协助他们取得进步——尽管样本中的母亲并不都来自中产阶级家庭。

虽然并未宣之于口，但母亲之所以强调学业，可能是为了让女儿维持中产阶级的生活方式。母亲们在社会地位方面向上流动，通过职业成功获得了现有的生活方式。阿什利推测，因为没有上过大学，她妈妈也许"希望我表现良好，像她一样过上舒适的生活"。

正如其他研究所示，在这一代女儿成长过程中，母亲外出工作，并且喜欢自己的工作，于是她们几乎都不假思索地期望女儿也会这样。教育领域的高级经理、"女儿母亲"索菲体现了这一点。她说："由于从小就看着我妈工作，我以为每个人都要上大学，所有女性都要上班；现在我还是无法理解不工作的想法。"

其他人（如在政府部门工作的母亲尤娜及其女儿厄秀拉）都说工作本身具有社会价值。

> 尤娜（母亲）："一个人应该工作，有社会价值，为社会做贡献。有人不工作，我们都对此感到惊讶。"
>
> 厄秀拉（女儿）："应该为社会做贡献。每个人都应该这样。"

的确，许多女儿都表达了这样的观念：对她们来说，没有有趣的职业是一件会受到谴责的事，要么是觉得自己的自尊心会受到破坏，或者会破坏别人对自己的尊重；要么害怕自己会感到无聊，或者会让别人觉得自己无趣。正如坦尼娅所说："职业可能是事关个人最有趣的部分……所以，如果不从事有趣的工作，我可能会对自己感到失望，或者认为自己的生活有点儿无聊。"坦尼娅还特地强调，许多母亲努力在温和鼓励女儿和极力推动女儿之间保持平衡，或者在鼓励女儿和女儿一旦失败时破坏其自信之间保持平衡。她说："我妈以不让我感到压力的方式给我灌输了努力工作的观念。她总是告诉我，做让你开心的事，别给自己施加太多压力。"

一个关键的发现是，几乎所有女儿都表示，她们的工作愿望受到母亲对工作的热爱精神鼓舞。女儿们一再强调她们的母亲多么"热爱自己的工作"。如坦尼娅在本章开篇所说，母亲们通过几种方式表达对工作的热爱：口头直接表达、讲述工作中发生的事，或者把自己在工作中结交的朋友介绍给家人。许多女儿也说，母亲鼓励她们选择自己喜欢、觉得有趣的工作，从而巩固了这种印象。本科生齐尼娅渴望成为家中第三代成功职业女性的代表，她说："我一直强烈觉得，父母希望我一定要做有趣的事情，而不仅仅是……赚很多钱什么的。"

被问及希望从工作中得到什么时，女儿们首要考虑的是享受和满意感，这反映了母亲们对工作乐趣的强调，指从各项工作内容及工作的社会意义中发现乐趣，而不感到乏味。两代人都不时冒出不愿觉得无聊的说法。享受工作、对工作感到满足也意味着感受智力上的挑战和为更大的成果做出贡献。这证实了其他研究的结论：各年龄段的职业女性和担任管理角色的女性最重视的是工作乐趣、智力体现以及那种带来改变的感觉。

金钱的作用也很重要。样本中的所有母亲都从收入中获得了一定程度的安全感，只有4位母亲的伴侣有能力为家庭提供经济支持。无论人们如何看待相对富裕家庭的子女拥有的优势，母亲的收入无疑对本研究中的女儿有促进之功。父母的财务支持让一些女儿有时间旅行，可以决定自己想做的事。为了在竞争激烈的广告业之类领域谋得一份工作，女儿必须在这些领域做没有薪酬的实习时，父母也提供了经济援助，并支持女儿为获得专业资格继续接受教育。

事实上，有些女儿承认自己很幸运，得以拥有"金融安全网"，因此有条件做出自己的职业选择，而无须顾虑金钱问题。伊莎贝儿毕业不久，通过父母共有的财富观察到，由于父母都来自劳工阶级家庭，因此觉得赚钱"超级重要"，但他们都"非常自利"，因此她渴望"服务弱势群体"和"做点儿好事"。另一个例子是贝丝。她做了几年没有薪酬的实习生，然后才在媒体获得了第一个初级职位。她说："我脑子里从来没有闪过（金钱）的念头……对我来说，做我想做的事情、感到开心更重要。"

直接影响

现在看看女儿们如何看待母亲对她们职业选择的"直接"影响。请注意，这里的"直接"影响指对结果采取毫不含糊的行动。研究的主题包括：女儿进入与母亲相同或相似的行业，仅仅讨论职业选择和具体帮助女儿打开特定职业的大门。为了显示母亲的影响力，我将对比女儿与母亲的观点。

首先，女儿模拟母亲职业道路，一个直接衡量标准是，决定进入与母亲相同类型或具有类似价值的职业。这一研究发现是建立在古特佛里森观察的基础上的，即职业信息受到个人周边社会环境的强烈影响，人们更容易接受轻而易举就可获得的观念。28

个已经工作或者清楚自己喜欢哪种工作的女儿中，有9个打算进入或者已经进入母亲工作的领域，或者进入了与母亲有相似价值的领域（例如，有位教师的女儿成了教育心理学家）。另外，有3位女儿从事与父亲相同或相似的职业，如图4-2所示。

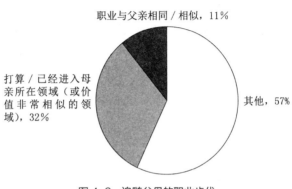

图 4-2　追随父母的职业步伐

女儿追随母亲的职业步伐，令她们得以与母亲谈论和／或亲身体验母亲的工作，如吉娜和盖尔的故事所示：

吉娜（女儿）："我觉得我进入广告业，完全是因为我妈妈从事该行业。"

盖尔（母亲）："如果第一次不是我建议你尝试那份工作，你可能永远想象不到这个工作这么好玩儿。"

凯利笑着说，她妈妈经常表示希望她从事什么工作，结果那真成了她所做的工作："我接受了我妈的想法。她曾经对我说，'我们有个这么可爱的教育治疗师，这是多可爱的工作啊！'她让人觉得这份工作很浪漫。她彻底影响了我，然后支持我的决定。"凯利在另一个方面也属例外。她说，她妈妈直言不讳地鼓励她选择适合养育孩子的职业，因为她预计凯利有一天当妈妈。

我遇到的另外一位母亲也是这样，女儿20多岁，准备换个职业时，她建议女儿考虑如何兼顾工作与生育。在这两个案例中，母亲的想法或许都是内疚所致，因为她们在女儿年幼时从事全职工作。

其他许多女儿觉得对母亲的工作有所了解，认为不适合自己。有趣的是，只有3个女儿走上了与父亲同样的职业道路，这3个女儿在学生时代都长于STEM（科学、技术、工程、数学）科目。

并非所有女儿都有兴趣谈论母亲的工作，但有这种兴趣的大有人在。这证实了劳勒和摩恩等人的发现：工作价值观通过口头说服的方式传递。对个人访谈记录所做的语言分析也提供了确凿的证据，证明（母亲）直接传播工作价值观。女儿们在描述自己对工作回报的期待时，经常反映的是母亲的声音。以下例子取自对母女的分别采访。

如上所述，两代人都强调享受工作的重要性。另一个关键主题是，母女都谈到职业赋予她们的地位。受访者的地位与她们的工作满意度挂钩。以下例子来自薇洛和她妈妈文迪。薇洛是医生，文迪在自己的公司任总裁。

> 薇洛（女儿）："我想拥有一份职业……我不希望我的人生只有工作，但同样希望有一份带给我满足感的职业。能做某种得到认可的事情真是太好了……我想大多数医生都想要医生职业带给他们的地位，虽然他们不会轻易承认这一点。"

> 文迪（母亲）："我在这个领域有些名望，我认为这是成功的一个衡量标准……在我这个行业，成为董事、总经理，经营自己的公司并且盈利，这样的人并不多。（成功）是外在的承认，可以让人做自己想做的事，享受自己的工作。"

许多母亲和女儿也珍视她们觉得有社会价值的职业。"女儿母亲"艾米和她妈妈安妮塔表达了相同的助人愿望，在这个思维的促动下，她们一个进入了教育行业，一个进入了健康服务业。

许多女儿承认，在事业起步时，得到了母亲的帮助——这是母亲发挥直接影响力更实在的事例，包括安排实习、寻找招聘广告、起草工作申请。有两位女儿从企业家妈妈那里得到项目。她们认为从中学到了宝贵的经验，如管理账户和与人打交道。两个女儿都说这份经历增强了她们对自身能力的信心。

有几位女儿的评论也体现了母亲影响力的深度。她们说，母亲不知道或者不承认自己有多大的影响力。在需要做出重大决定时，应届毕业生阿什利对她与母亲的关系怀着矛盾的心理：

> 我觉得在我必须做出重大的人生决策时，我妈没有意识到她强烈地想要影响我。她对这些事情有相当强烈的看法，搞得我在做重大决定时老是服从她的意见。我觉得这有点儿糟糕。有时候我们会拌嘴，比方说，我希望为自己做更多决定，而不要老是问妈咪（笑）……但不可否认很多时候她是对的，所以无论如何我应该听她的。

从很多女儿的描述中可以看到，她们摇摆于亲密和分离、反抗和服从之间——这是母女关系的典型特征。

有学者认为，个体自我效能感是激发职业愿望的主要因素。上述正反两方面的证据表明，无论直接还是间接，事业成功的母亲对女儿职业愿望的影响之大超乎学者们的预期。女儿们的评论阐明了事业成功的母亲如何具体引导和塑造她们的自我效能感，样本中有大量的人跟随母亲进入相同或相似的行业、与母亲拥有相同的工作价值观、由母亲领入职业的大门。

接下来听听母亲们的看法，看她们如何评价自己对女儿的职业带来的影响，也听听那些有儿有女的人认为自己如何以不同的方式对待女儿。

❈ 母亲如何描述她们的影响力

不同于孩子，母亲的愿望细腻而复杂。然而，大多数母亲显然都为女儿怀有雄心抱负。许多受访母亲承认，考虑养育策略时，她们重视让女儿发挥潜力，在安全、可靠的基础上，鼓励女儿独立。正如律师克里斯蒂娜所说：

> 我的角色是充当女儿在这个世界的支持者，既给她强烈的自我意识，也给予某些保护和安慰。我们有一个绝对的假设：如果她需要帮助或者有任何苦恼，都可以找我；如果她能照顾自己，我会感到由衷的喜悦。

这种语境下会出现努力工作的观念，正如老师、祖母帕特里夏所说："我们只是期望她们努力工作，取得成绩……她们也不负所望。"从事艺术工作的赞茜也表达了同样的观点："努力工作，为自己做事，实现目标。"

许多母亲表示，看到女儿有职业抱负，她们都会给予鼓励和支持。这些母亲说，她们通过自己的行动，以及与女儿讨论、"协商"课业及职业观念，间接传达价值观。像担任 CEO 的罗斯一样，许多人表示，她们意识到"不要施加太多压力，让孩子觉得必须实现什么、做什么"。她们还说，如果觉得女儿给自己施加不必要的压力，她们会干预。例如，身为医生的布里奇特告诉我，看到女儿为得到心仪的工作苦苦挣扎，她给予积极的引导，让女儿选择一条更轻松的职业道路。但她女儿坚持自己选择的职业道路，最终成功得到了理想的工作。

传递女性主义的火炬

母亲们既怀有希望女儿实现潜力的抱负，同时又鼓励女儿独立，她们也以同样的办法对待儿子。然而，许多母亲透露的另外两个观点则与她们对女儿的期望有特殊关系。首先，即便她们承认，随着时间的推移，女性在职场上的地位有所改善，但大多数人认为，性别不平等的情况仍然存在。其次，认为女儿的信心问题可能会妨碍她们发挥潜能，或者让她们以某种方式输给男人。

以男女不平等视角看待女儿职业生涯的做法呼应了曼海姆的理论。该理论认为，活跃代的成员有意识地借本代人的集体经验，而不仅仅是个人经验来代表自己。许多母亲觉得，就工作而言，自己曾经并一直与男性处于竞争状态。有几位母亲已经坐上了"首次"由女性担纲的职位，或者成为首批担任现任职位的女性。

几乎所有受访者也都主动谈到个人在工作中遭遇性别歧视或男权至上的经历，如性骚扰和机会不均等。她们是职场高层人士中的少数代表。有几位在私营部门工作的人谈到，孩子出生后，她们提出缩短工时，要求一周工作 4 天，结果被告知，这意味着放弃她们在组织层级中的位置。

此外，许多母亲主动谈到，生完孩子后她们决定重返工作岗位，因为她们意识到需要体现女性的进步。夏娃博士就是一个有这种认识的受访者。她说："我打心眼里觉得有责任去证明，我们对得起你们的培训。"伊莫金律师说："我害怕辜负那些有进取心的女性，因此选择继续上班。在一个性别歧视仍然相当严重的环境中，作为合伙人，我是第一个生孩子的女性。"

同其他人一样，伊莫金说，因为全职母亲的影响，她萌生了改变女性结局的念头："小时候，我觉得因为一直待在家里，我妈妈感到非常沮丧，我认为我偏向于另外一个极端：我不会做无聊的全职主妇。"

许多持类似观点的母亲都表示，不希望女儿因为性别原因限制自己的视野。担任媒体总裁的塔拉说："我想我确实是这么说的。你可以做你想做的任何事情……我认为不应该让性别成为障碍。"老师、祖母安妮塔说："我想让她们明白，做女人和做男人一样有价值，除了少数例外，男人能做的事女人都能做。"

这些态度表现出与过去的决裂，因为在很多情况下，上一代女性不外出工作，或者没有担任过高技能的职业角色。这一代许多母亲心怀喜悦，因为女儿更容易获得她们曾经为之奋争过的职业机会。从女儿们的叙述中可以清楚地看到，她们采纳了这样的观念：不要屈从于男人和他们的事业。正如学者莉莉所说："妈妈教我重视自己的想法。要想到你有一个大脑，善加利用，不要被男人压制。"在女儿童年时期一度或一直单身的母亲也强调经济独立的重要性，正如高级营销经理索菲所说：

> 她觉得我们再也不能像我爸离开时那样进退维谷，所以她坚信，我们得有一笔丈夫无法染指的私房钱，这样，在"他和秘书出走了……"的危急情况下，我们永远都会安然无恙。

这个事实也佐证了母亲的性别不平等意识：在线问卷问及其观点时，64%的人认为自己是女性主义者，如图4-3所示。

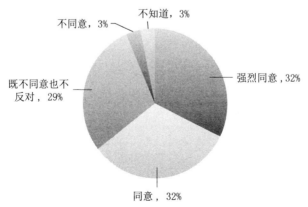

图4-3 "我是女性主义者"——母亲（n=30）

难怪许多母亲说，她们在交谈中以这种观点看待女儿的事业。这契合于一个事实：这一代母亲成长于第二波女性主义者关于就业机会和家庭领域平等的论争中。这种关联表明，女性主义信仰促使许多母亲密切参与前面谈到的女儿早期职业选择。

自信心

在本研究中，女儿们的自信心或自我信念问题也很突出。每个母亲都要回答这个问题：你觉得什么样的隐喻性礼物（metaphoric gift）对女儿有好处。30 位母亲中，有 24 位（80%）认为是自信。而且，女儿年龄 20 多岁的几乎所有母亲都希望女儿更加自信。有些人所说的自信意味着，女儿应该认识到自己的素质和成就。大多数人所说的自信，指有力量去实现自己想要实现的目标，而不是随波逐流，或者屈从于他人的压力，正如杰西卡的母亲简所说："杰西卡不是畏首畏尾的人，但我认为一个人身上的力量可以非常强大……我认识很多非常聪明的女性，我认为她们没有发挥自己的潜力，因为随波逐流更容易。"

目标感是很多母亲希望送给女儿的第二个隐喻性品质。这也与母亲对女儿怀有的期望有关，在访谈中，这意味着女儿认识到，任何方向都不是固定不变的，灵活性对成功很重要。

由于我们发现大多数女儿都认为母亲是影响她们最深的人，

所以本章此前集中讨论母亲对女儿职业选择的影响。个别女儿谈到多个影响她们的人，其中包括老师和父母的朋友。下一部分重点介绍其他主要影响因素，包括父亲、同龄人和自我效能感。

❋ 其他影响

父亲对早期职业选择的影响

我在本章前面谈到，大多数情况下，对于女儿的职业选择，母亲的影响超过父亲。这显然与女儿和父亲的亲密程度有关。离家独居之前，有 13 个女儿没有和父亲生活在一起，只有 4 个女儿与父亲或继父关系密切，并同他们讨论自己的职业选择。有些女儿把父母形容为一个团队，她们倾向于把父母视为一体（例如，"他们总是鼓励我在学校好好学习"）。

虽然她们常常把母亲说成是"团队的代言人"，但就如何区分父母角色，她们感到很棘手。一个由家庭主夫父亲养大的女儿与母亲的关系更为亲密，也主要与母亲讨论职业选择。本科生奥利维娅说：

> 我都是跟妈妈交谈，因为爸爸总是老调重弹，我对他说的事情不感兴趣，也不擅长。星期六他说让我做兽医，也不

想想我不擅长科学。

有些女儿说父亲深入参与了她们的教育。如同与母亲有关的讨论那样，（父亲也认为）学业成就为向高技能角色进阶铺平了道路。更为积极的是，许多父亲采纳了女性主义立场，明确表示不希望女儿成为家庭主妇。他们给女儿和儿子同样的建议和鼓励，让她们从事自己感兴趣的工作。

女儿们也告诉我，父亲的职业建议比较务实，例如，鼓励她们争取竞争不那么激烈或薪资更有保障的职业；或者在面试之前，帮助她们做在线数学测试！正如我之前所说，有两个女儿追随父亲，选择了与父亲相似的职业，另一些父亲以其特殊的热情影响了女儿的兴趣，例如，做医生的薇洛对她父亲的科学事业非常热衷。

除了极少数例外，在营造女儿的决策环境方面，父亲的影响比母亲更为间接。只有在此较特殊的情况下，女儿才强烈认同父亲而不是母亲。但这样的情况往往也有母亲的共同影响。娜塔莉像父母一样进入了律师界，她解释说：

> 我和爸爸很相似……妈妈了解哥哥的想法，爸爸则明白我的心思，我们家人的结盟方式就是这样。所以也许爸爸更能理解我，围绕该怎么办的问题进行讨论时，往往都由他主

导。我是他律所的员工，我想这可能有一定的关系。他也比妈妈更爱谈论工作。

自我效能感

本章证据表明，在塑造和促进女儿初期职业选择上，母亲和父亲（较小程度上）发挥着强大的影响。但这只是故事的一个方面。女儿们最终自己选择了想做的工作。这种选择既基于她们的身份意识，也与她们得到的机会有关。这个观点建立在克朗普顿和哈里斯研究的基础上，他们的研究彰显了在确定职业选择时，个人和社会行动者及特定情况之间相互作用的复杂性。

做职业选择之初，自我效能感和自我形象以多种方式发挥作用。有两位受访者阐明了职业与个人素质相契合的思想。本科生奥利维娅准备做护士，她说："我在学校一直很善于助人……我当选了年度好女孩……所以我在想，何不考虑护理行业呢？"学者克洛伊说："我发现，与从事其他职业并发展得很好的朋友相比，我与（学术）研究的关系更近，我觉得这跟我个人有情感联系，与我、我的自我身份认识联系更紧密。"

就工作所应具备的价值而言，有几个人在脑海里有一个清单，如社会价值和工作弹性，并寻找符合这些价值的工作。还有一些人简单地选择了与所受教育相关联的工作，如教书或研究感兴趣的学问，学者维里蒂就是这样："我拿的是环境科学学位，现在主要研究环境管理。"有些人形容自己通过一个关系或假期实习顺利进入了目前的岗位。

改变职业方向时，"女儿母亲"往往也不太征求他人的意见，大概因为其时她们已经掌握了大量的一手经验，可以以之为决策基础。葆拉是牙医，也是样本中的一位"女儿母亲"，她的情况就是如此："物理治疗的许多技能可以很好地用于牙科治疗。"

有趣的是，证据表明，有 3 个人在毕业之前没有计划，她们因为缺乏自我效能感，在职业选择上犹豫不决。贝儿既不能专心学业，也无法用心找工作："我无法应付考试和面试。"本科生黛安娜表示没有信心做决定："什么事情都让我感到害怕……我好像总在浪费时间，我希望能做得更好，当时却没给自己施加压力。"其他没有间隔年的人一心想的是，在不得不做决定之前，先抽出时间去旅行。

同伴影响

同伴的主要作用是帮助女儿们更清晰地认识自己，因此可以更清楚地知道，什么类型的工作最符合自我意志。维里蒂是学者，她的情况就体现了这一点。她说："我有一个朋友正在接受律师培训，另一位朋友学医。我认识的很多人都想做点实事。"通过访谈得知，对于那些正在为自我意志而挣扎的人，同伴及恋人影响最大。

志同道合（特别是大学期间志趣相投）的朋友，帮助一些人找到了感觉更舒心的方向。这类朋友影响她们对女性主义政治的兴趣，以及在国际发展领域的工作。伊莎贝儿说："我有一群非常棒的朋友，他们帮我学到很多东西，那是非常酷的一群人……我深入参与了女性运动。"这与第三波女性主义浪潮之后，女性主义关于性别不平等的争论复兴同步，日常性别歧视项目和菲普斯等学者的研究证实了这一点。

相反，在大学期间进行工作讨论时，同伴帮助女孩们把不想做的事情清楚地说出来，如本科生黛安娜说："我不喜欢银行工作……任何与商业沾边的工作都不是我要做的。"梅根从事营销工作，她说："真的很好玩儿，她们以一种消极的方式给了我很大的影响，让我明白我不想做哪些事情，不想陷入哪种心态。"

相比之下，有些女儿喜欢大学期间的竞争环境，觉得同龄人会激励她们争取获得好工作。本科生齐尼娅说："我觉得牛津大学学生富有内在动力。每个人都想做有趣又令人印象深刻的事。"正在积极与同龄人竞争就业机会的研究生、职教生想给别人留下深刻印象的愿望尤其明显。坦尼娅坦率地说："我想做别人认为很酷的事情，这样我就有炫耀资本了。"本研究进行时，正巧遇上青年就业机会的衰减，极少数人对这种情况的反应是"何苦费心？"他们倾向于从同龄人那里寻求共鸣。

❋ 结论

　　本研究采访的绝大多数女儿声称，对于她们踏上职业道路的选择，母亲发挥了最重要的影响。仅仅因为母亲外出工作并表示出对工作的喜欢，女儿们就产生了照此行动的期盼，就这样，这一代成功的职业女性成为女儿们早期职业选择的榜样。

　　此外，母亲的影响有间接和直接多种方式，但影响深度显而易见。母亲的影响和参与似乎比她们自己以为的更为深远。她们认为自己行事小心谨慎，提供支持而不限定女儿。很少有母亲要求女儿选择某种特定的职业（虽然有几位母亲确实是这么做的）。然而，在女儿初期进行职业选择时，我访谈的大多数母亲也并未袖手旁观。

　　许多妈妈积极为女儿出谋划策，或是以情感和语言提供支持，讨论女儿的选择，鼓励女儿的自信心；或是以实在的方式增强女儿的工作经验，为女儿寻找工作机会。这似乎是母亲与女儿保持密切关系的一种方式，也是女儿离开父母前的一个过渡阶段。母亲希望女儿独立，大多数女儿也认为，母亲以贯穿她们整个教育过程的那种参与方式教养她们，二者之间存在明显的张力。我觉得最突出的是，母亲们都那么强调勤奋工作，巴望女儿因此可以通往好的前程。

许多人有帮助女儿（和儿子）的能力，所以，她们切实地选择给予帮助并不令人吃惊。进行这些访谈时，2008 年的经济衰退依然影响到年轻人的就业机会。女儿多年的努力、考试和教育结束后，母亲希望她们找到好工作，经济衰退、就业困难使这种愿望更加迫切，这一点没人谈到，但仍然可以解释为什么母亲们高度参与女儿的早期职业选择。

本研究中的母亲们说，她们找工作时，没有并且也不曾指望得到她们的母亲帮助。而帮女儿填写申请表、寻找空缺职位、夯实工作经验，这些都是由"婴儿潮一代"母亲肇始的干预行为的范例。

本章得出了三个要点：

——几乎所有受访女儿都认为，母亲是影响她们早期职业决定的主要因素，事实上，1/3 的女儿追随母亲，进入了与母亲相同或相似的行业。

——母亲是有影响力的职业榜样，这种影响甚至超出她们自己的想象。

——在职母亲通过早期的职业选项为女儿出谋划策。事实证明，她们的言传有力地影响了女儿的职业选择，传递了努力工作、享受工作的重要意义等工作价值观。

下一章将考察母亲们传递怎样的职业抱负，探讨"隐秘的抱负"的驱动因素及其含义。

| 第五章 |
隐秘的抱负

❋ **本章主题**

　　本章探讨这个问题：对于女儿在所选领域升至高位的可能性，一个事业成功的母亲发挥了怎样的影响？我的假设是，母亲的事业成功自然会使女儿抱有同样的期望——尤其因为这么多的女儿都志在从事管理或专业工作，或者已然处在这样的岗位上。如前一章所述，母亲辈期盼女儿有自己的事业。然而，母亲对女儿职业抱负的影响却不甚明了，一个重要的解释是，母亲在家里闭口不谈自己的职业抱负和取得的成功。是什么造成这种现象呢？

费思属于母亲一代，是一位口齿伶俐的律师。在她那个大公司的欧洲分公司，在一个男性主导的部门里担任最高职位。问及她是否认为自己事业成功，她的言辞变得迟滞起来：

> 呃……（长时间的停顿）……我认为它代表我……但是……呃……从履历上看，是的。呃……如果看我的任命和资格……呃，是的。（长时间的停顿）……但我意识到，成功最关键的不是履历和资格，而是在工作中带来改变。

她的女儿菲奥娜几年前进入了金融业。菲奥娜认为费思的事业很成功，说这番话时，她远比母亲直截了当。本研究中的大多数女儿都是如此。然而，许多母亲不愿承认自己或者自己的事业成功，其中包括许多身处高位的人。谈到母亲时，菲奥娜说：

> 她是（一家美国财富 500 强）公司在欧洲职位最高的女性……那时女性升职肯定很困难。她不是那种典型的对着电话大呼小叫的人（老板），她能做到那个职位，肯定全凭聪明才智。我想起她与人打交道的方式，还有她不让任何事情阻碍她的方式，她非常成功……我认为她真正的美德是：永远不会爬到一个自己力不从心的位置，但是会做一些重要的事情。

结束对菲奥娜和费思的联合采访后，我在交谈中更多地询问她们对成功与抱负的看法，她们反而讨论起努力工作和高质量完成工作的话题：

> 菲奥娜（女儿）："我不认为她是为了升职本身，她一直追求品质……做一些重要的事情。如果我因为能力所长而当上总裁，那太棒了……这个想法主要来自妈妈。"
>
> 费思（母亲）："只要你为之努力，一切皆有可能。是的（笑）努力！努力！努力！……这是我的口头禅。"

在费思及其他许多母亲和女儿身上，我发现她们常常把注意力集中在"当下"的工作上，也就是说，注重努力工作和做好工作的重要意义，而不是讨论工作成绩，个人满意度，以及资历赋予她们影响结果的能力——这些将是本章探讨的关键主题。

菲奥娜对父亲的认同超过母亲，在我访谈的 31 位女儿中，有 4 位是这方面的典型，只有她们几位明确提到升迁的野心："我一直认为我自然会升迁，这对我很重要。"菲奥娜还说，她难以想象会为了伴侣或者可能会生育的子女牺牲自己的事业：

> 我不认为我会只因另一半取得了成就就感到高兴，因为那是他的成就，不是我的。孩子显然有所不同，但我不想做

那种到处炫耀孩子的妈妈——"看我的孩子能做什么！"（笑）我想要我自己的东西，有我自己擅长的领域……我希望做让我觉得自己有所贡献的事情。

大多数母亲和女儿经常交谈。许多在职的女儿都和母亲沟通她们在工作中面对的日常问题。这类谈话很容易被称为指导。如同《牛津英语词典》的定义一样，这里的指导，通常指给比自己年轻、缺少经验的人以建议和引导。菲奥娜形容她母亲镇定自若，因此很容易同她谈起工作中遇到的问题。她妈妈费思这样描述她处理这类谈话的方式：

> 她征求我对她工作的建议……她常常说她遇到这样或那样的问题。（停顿）我不喜欢告诉别人该做什么。我喜欢倾听，然后提问，让她意识到她自己觉得需要做什么。例如，我会说，"你觉得如果那么做，情况会怎么样？"我从不使用"应该"一词。我不喜欢给她直接的建议……我希望帮助他们（她的两个孩子）自己思考问题。

这是许多母亲典型的谨慎做法。尽管费思的建议是间接的，但对菲奥娜事业的帮助却是显著的。然而，显然，她们的交谈不涉及事业进步带来满足感和目的感之类的话题。

❋ 女性以位高权重为目标吗?

近来，公众和学术讨论都很关注坐上领导职位的女性。尽管在职业阶梯的低层不乏性别平等的事例，但居于高位的男女比例差异显著，对此，有各种各样的解释，兹归纳如下。首先，性别结构的限制。比如，女性小小年纪就远离了某些职业领域，特别是 STEM（译注：科学、技术、工程、数学）科目；优良的托儿服务欠缺，或者费用高昂；工作单位提供的灵活性不够。

其次，一般认为女性在职场上不像男性那么受待见，毕竟职场文化本身就是围绕男性设计的，由此导致招聘和晋升方面的不平等，以及日常交往中无意识的偏见。这些都制约了女性的职业进步。

最后，争论也围绕个人素质的性别差异展开，来自企业界的文献尤其如此。例如，这些研究的一个普遍主题是有关自信心的性别差异，因此导致女性在争取提拔晋升，或担任受人瞩目的角色时碍口识羞。一般也认为女性不太具备与领导力相关的品质，比如，女性更抗拒冒险。所有性别平等解释背后的某些因素都与组织采用的制度有关。这里归纳的许多解释都基于这样的观点：个别女性素质的性别差异使她们在工作中处于不利地位。在指出其他影响职场性别平等的重要因素之后，本章的重点是介绍母女代际间传递的个人价值观和态度。

同男性相比，女性是否有职业成功的抱负？研究往往以与这一问题相关的证据开始，根据年龄和职业阶段，得出了不同的结论。许多研究认为，对于职业提升的态度，30岁以下的女性与男性同龄人没有分别。伍德菲尔德的定性研究基于对本科生和89名消防员及老师的5次群体访谈。她说，"谈到自身职业抱负时，几乎所有受访者都表示，她们渴望在自己选择的职业中升到高位"。毕马威赞助的畅想未来调查认为，年轻女性对自己的能力与男性一样自信，但即使在开始工作之前，也远不那么相信职场会平等对待她们，并培养她们成功。

事实上，超过一半的女性调查对象认为，性别可能会妨碍她们的事业。畅想未来的研究者借鉴其他职业女性研究，解释他们的发现。报告认为，女性对事业成功的保留态度既基于外部因素（例如，对女性的表现评价不如男性），又因为个人因素（例如，在觉得做好了升迁准备之前，女性的等待时间比男性长）。这项研究基于对英国和爱尔兰21所大学、20000多名本科生的访谈。来自女性的回复几乎是男性的两倍。

破译密码（Cracking the Code）项目的研究基于定性访谈和跨行业部门与员工等级的定量调查，其结果发现，女性有担任高级领导角色的抱负，但她们与抱负的时间关系不同于男性。他们声称，女性在职业阶梯上攀得越高，越是雄心勃勃，当她们做到高层管理职位时，往往表现出比男性更强烈的雄心。而现在机遇（Opportunity Now）调查了22000多名女性和2000多名男性的事业动机，结论认为，同男性相比，女性并不缺少雄心壮志。

但也应该指出，所有调查的共性在于：严重偏重于女性的回答，而这可能不利于做出基于性别的可靠比较。学术研究者提出的一些重要理论呈现出不同的视角。麦里尔罗（Mainiero）和苏利文（Sullivan）的个人主义职业理论研究认为，在人生的不同阶段，女性往往有3种不同的职业价值观，这几个阶段包括"挑战"（最适合描述职业生涯刚起步的女性）、"平衡"（最适合描述有小孩的女性）和"真实"（在女性职业后期更重要）。"真实"阶段并不排斥职业抱负，但暗示驱动因素的变化。

毕姆罗斯的跨国女性职业转型研究强调语境的重要性，在这样的语境下，女性决定不同时段，个人、家庭和工作成功对于她们的意义。在美国和英国这样的国家，高学历女子生育孩子的平均年龄是30岁左右。因此，毕姆罗斯等人的观点暗示，子女长大以后，女性有可能更加关注自己的事业，这与身居高位的女性更有雄心抱负的观点相吻合。

※ 信心的差距成了抱负的差距

逻辑上，抱负与自信心相互联系。一家美国公司的研究表明，工作两年后，女性认为可以达到职业巅峰的信心开始下降：进入职场的年轻女性比男性同事更渴望居于最高职位（43％的女性与34％的男性），然而，仅仅两年以后，男性的百分比保持不变，而女性的百分比则急跌至16％。在同一时期，女性对达到顶层职位的信心就下降了一半。科夫曼（Coffman）和诺因费尔特（Neuenfeldt）认为这是因为上司的支持不够。

另一个解释性因素是社会的性别角色观念。社会对女性行为和态度的期待持续存在，对此，许多学者已经做了广泛的研究。大多数人认为，性别角色差异是社会建构的。贝姆（Bem）在其开创性的研究中提出，抱负和成就的性别符号通常与男性相联系。心理学家克雷（Kray）等人指出，在谈判中，女性的表现不如男性，除非有人告诉她们这种情况屡屡发生，这样一来，她们的表现就会胜过男性。这说明，（女性）不愿意为了获胜表现出竞争力，这种状态乃是文化的规定，生物本质主义解释不通。脸书（Facebook）首席运营官桑德伯格引用多个行业的研究报告，显示女性一直低估自己，并创造了"抱负的差距"（ambition gap）一词。

霍纳（Horner）提示，当自己的成功可能以别人的牺牲为代价时，女性的焦虑程度超过男性。她发现女性有害怕成功的倾向，因为她们认为女性气质和成功不兼容。斯勒伊斯（Sluis）等人研究两性在取得成就方面的动机差异，他们的研究也表明，竞争对女性的刺激程度低于男性。费尔斯（Fels）认为，抱负需要有人从旁支持，男性假设他们的成就会受到珍视，而女性认为只有自己才会珍视自身的成就。这是由于这样一个根深蒂固的性别观念：女性为男性提供承认。

她进一步指出，对女性行为期待的性别规范意味着，女性往往羞于承认自己的成就，而表现出一种合乎原则的谦虚，并从工作本身之中寻求满足。新闻工作者肯（Kay）和施普曼（Shipman）在广受瞩目的《信心密码》(*The Confidence Code*）一书中宣称，只要规避取悦他人和需要显得完美的社会化建构，准备采取可能有失败风险的行动，女性就可以学会获得信心。

该研究与本研究的关联在于，它有助于解释为什么母亲们担心女儿缺乏信心。而且，许多职业女性专心于做好工作，对自己的成就低调谦虚，这一发现表明，很多母亲可能不会给女儿讲述自己的成功，也不会述说雄心壮志对于她们的意义。

❋ 职场文化

以女性的信心和抱负为重点的讨论可能会迷失一个要点，即职场文化是人为造就的，并且抑制女性的进步。有几项研究发现，担任高级专业和管理职位的女性在高层职位上打量最高管理层，发现自己不希望承受高级职位包含的压力和漫长的工作时间。

许多研究有力地指出，日常性别偏见致使女性失去晋升的机会，她们进而逐渐丧失晋升欲望。女性提出的问题包括：遭到男性的排斥、开会发言时被打断，或者别人同时也在讲话而且声音盖过了自己，以及评判女性的标准有别于男性。女性甚至发现，自己进入不了有晋升机会的一线岗位和重要项目，而有仁爱之心的男性以为，育儿责任意味着，女性无意争取这些职位。

2014年，现在机遇调查了20000多位年龄为28—40岁的女性，他们的调查表明，女性对职场文化颇有微词，60%以上的女性认为，由于性别的原因，她们的职业发展面临着显著的障碍，43%的人觉得男女的晋升机会不均等，42%的人认为，她们这个层次的女性很难与组织中最高级别的职员交往，这些都是微妙偏见的事例。该研究还发现，超过一半的受访者声称她们受到过骚扰和欺凌。这种现象被解释为霸道的监督、不公平的待遇，以及被不断批评所伤害以及产生受到排挤的感觉。

因此，难怪半成受访的初级或中级管理层女性表示，她们不想要机构里那些高阶职位人士的生活方式。白厅的女性等大样本研究证实，这些令人担忧的发现具有普遍性。

职场已经实行了许多平等政策，而从事专业性和管理型工作的女性还有这么多不满，这种情况可能会令人惊讶，也许可以这样解释这一发现：政策与执行之间存在差距。这一研究证据的累积分量表明，它可以预言，我研究中的在职女儿大多对职业抱负怀有矛盾心理。情况也确实如此。

❋ 女性对成功的看法

有几项研究认为，女性界定成功的方式有别于男性。破译密码的报告指出，看待她们认为对其成功特别重要的特质时，女性比男性更重视个人与事业发展、工作－生活平衡与积极的人际关系。这项调查显示，在希望对重要的事情做出贡献和做本质上有趣的事情这两个方面，性别之间没什么差异。

为了了解女性如何定义成功，博斯托克采访了剑桥大学不同级别岗位的 126 名女性。她们都是同行眼中的"成功者"，平均年龄 50 岁。博斯托克的主要结论是，女性从多种来源获得成功感，主要包括做有趣的事情，从事她们所喜欢的高品质工作，以及对他人有积极影响的工作。博斯托克研究的女性强调自身力量和影响力的发挥。

对许多女性来说，与他人协同工作并促进他人成功具有很重要的意义。保持幸福健康的家庭生活和事业也很重要。博斯托克认为，应该促使现代职场在定义成功时，把这些更广泛的因素考虑在内，这对男女两性都有好处，因为男女都不希望被某一种定义成功的方式限定。同样，男性和女性都不希望被迫在职场生活和家庭生活间进行优先顺序选择。

接下来，我探讨我研究中的母亲和女儿如何交流工作，以及如何描绘成功、抱负和信心。

❈ 工作交谈

正如上一章所说，我研究中的绝大多数母亲都把鼓励女儿增强自信心作为优先事项，因为她们认为，缺乏自信对于女儿是一个特殊问题，对于儿子则无关宏旨。有些鼓励女儿自信心的方法可以直接用在工作中。例如，在公共部门任首席执行官的玛莎谈到，自己年轻时缺乏自信，这促使她鼓励女儿要有自信心：

> 我一直以为有些事是我做不来的。我想让她知道，她几乎可以做任何她想做的事。就像她不得不为一个世界挑战项目募集赞助费那次，有时候她会说"我办不到"，而我会说："你当然办得到。有谁拦着你呢？"……我想我对她的担心比对她几位兄弟要多些。我好像有些担心，比方说，作为女孩子，她没事吧？生活对她会不会更艰难些？但在某种程度上，这让我更想让她坚忍不拔。我想教她一些她可以比男孩子们更快掌握的能力，比如，即便她觉得不需要，我也让她去建立关系。她有强大的建立关系能力，这太有价值了。这对她很有好处。

　　这种对话表达了母亲的心声：她们希望自己的女儿发挥潜能。这与母亲们对第二波自由主义和社会主义女性主义主张的认同有关，该观念强调以同样的态度看待职业对于女性和男性的重要性。

　　我请受访母亲说明实现潜能的具体含义，她们说希望女儿坚定不移地追求自己的兴趣。玛莎帮助女儿获得了有益于她工作的技能。许多母亲像玛莎一样以这种方式帮助女儿。许多女儿谈到离开家（即便是暂时的）后，如何更多地以平等的身份与母亲交谈。上大学和已经工作的女儿可以说明母女关系的亲密：

　　　　我非常依赖她的情感支持……比以前更甚。以前我不让她知道我的私生活，随着年龄的增长，我更多地同她谈这些事情。她是你可以分享各种想法，给你提供建议的人。我和她交谈很多。确实是这样。（杰西卡，本科生）

　　　　她主要扮演妈妈的角色。她照顾我，支持我。但我也喜欢（现在这个样子），我长大了，她像朋友一样对我说话。她非常诚实……我需要她的建议和指导，需要有个人可以谈谈我的生活。我真的很喜欢我们两个单独在一起的时光。我觉得她也仍然需要我。我每周跟她交谈两次。我想永远不会有我不想这么做的那一天。（坦尼娅，最近开始在媒体工作）

　　许多母亲和女儿的谈话往往事关工作中遇到的问题，因此可以把这种交谈称为职业指导。此外，许多女儿正沉浸在这种母女关系地位改变带来的快乐之中，这往往意味着她们给（妈妈）出主意。"女儿母亲"凯利说：

> 到我大约 22 岁的时候，我们既可以像母女一样交谈，也可以超越母女关系。比如我攻读博士学位时，她给我建议，做一个提供支持的妈妈。然后在我 20 多岁的某个时候，我认识到我可以转变方式，有时候我也可以支持她……我有些朋友与母亲的关系非常固化。总是妈妈支持女儿。现在我觉得我也可以帮助她。

女儿们自诉与母亲之间相互给对方建议，费思等母亲呼应了这种说法："随着她年龄的增长，或者随着我年龄的增长，我们发现了更多彼此相互喜欢对方的地方。她有些非常实用的技能和经验，我正在向她学习。"

玛莎和一些同时也有儿子的母亲说，与女儿谈工作的方式不同于儿子，并就此表达了心中的疑惑。她们的共同之处在于，与女儿的交谈更多、更深入。瓦莱丽是一位高级营销经理，她琢磨之所以这样的原因，得出的结论是，她对女性在工作中会遇到的问题有更多的了解：

维里蒂找我的时候更多，因为我的工作经验与她的更接近。在她生命的前5年里，我陪伴她的时间也要多些，所以我认为这可能意味着我们之间的联系更加紧密。儿子满一岁的时候，我已经在做全职工作了。很难分清是个性使然，还是性别所致？还是说，我陪他的时间没那么多，意味着我们不是很亲近？可能是因为性别。我觉得更适应维里蒂和她的工作问题。

另一方面，我遇到的一些母亲也告诉我，女儿不爱听她们谈工作——尽管很少有女儿表达这样的想法。上述有关双双在职的母女围绕工作的日常对话开辟了新的研究领域。然而，这些研究与重点针对中产阶级母亲教育、鼓励女儿实现潜力的研究有相似之处。

同样重要的是，母女之间不讨论的那些涉及工作的内容。似乎很少有人意识到，年轻女性继续遭遇职场文化带来的种种困扰，毕竟职场文化本来是由男性塑造的，也是为男性而塑造的。因此，母女之间很少谈及文化导致的职场性别差异，例如，在言谈方式和外表上，评判女性的标准有别于男性。升迁到有影响力的位置对自己及他人有什么价值，有关这方面的交谈也很少见。这表明有必要探索母亲和女儿如何理解成功和抱负。

❋ 母亲如何谈论抱负和成功

小部分母亲因各种原因认为自己事业不成功。这些女性主要是觉得自己走了非常规路线，所以，旁人不会像对待律师、医生之类的精英人士一样，认为她们事业有成。另一个例子是一位祖母，她"不得不追求事业"，离婚后，只好接下一份可以到手的工作，而并非做了自己想做的事。

大多数母亲的确觉得自己事业有成，或者为自己的成就感到自豪，但却不能坦然承认自己的成功。在谈到事业成功时，费思和其他母亲都表现出类似的矛盾态度。例如，教育工作者凯伦说："不知怎么的我能够一级一级攀升。我并没有有意这么做。有点儿像是赶鸭子上架。"在描述事业上的成功时，即便那些职位很高的女性也欲说还休。在一个公共部门担任首席执行官的玛莎说：

> 如果你做着大事，那么在一些人的眼中，你一定很成功。虽然我满脑子想到的都是我做得不够好，或者可以做得更好的事情。在跟朋友和同事的交谈中，我感觉有这种想法的女性比男性多。

奥拉在金融机构工作，问及她如何总结自己的职业生涯时，她叹了口气，说：

> ……呃……（叹气）……我想算成功吧。嗯。还好。我认为算成功的，因为工作本身对我来说很愉快、很刺激。收入很好，比我预想的还要多一点，而且这也是一份符合外部成功评价标准的工作，因此别人会认为我还做得不错。

这种矛盾心理表明，女性发现很难定义或谈论自己的成功，这证实了前面提到的突出自信心问题的研究，该研究注重日常工作内容和完美主义倾向。

问及看重职业的哪些方面时，这一代母亲大多说起她们走过的曲折道路，而不只是达到的职位层级。大多数人闭口不提自己取得的成就，而更倾向于谈起对他人的影响，特别是家庭和工作"一肩挑"给家人造成的影响。有两个人的解释很好地阐明了这些主题。其中之一是媒体公司的总裁塔拉：

> 我并不是每天都觉得自己事业成功……有时候我会想，噢，天哪，我这是在干什么呀？我如何定义成功？那就是经济报偿啦。我认为这对女性真的很重要，你得为自己谈判到一份体面的薪水……最终我认为我是成功的（长时间的

停顿）。这真的很有趣对吧。我倒更宁愿做一个成功的母亲（笑）。怀孕的时候，我想，我不希望等坦尼娅18岁的时候对她说："我为你放弃了我的人生"，我不想让她觉得……（长时间停顿）……你得为自己承担责任。

第二个例子是芭芭拉。芭芭拉是一位祖母，是首批进入广播媒体工作的女性之一：

> 我缺少那么点儿野心。我想我可以更努力些。我和真正做到高层的女性一起共事，我认为我（内心）不具备那种真正的火花，因为我处在合适我的位置上。但我为自己那些小小的胜利感到欢欣，虽然就是些不起眼的胜利。我认为我是成功的，因为它适合我……我的目标是实现良好的工作—生活平衡和满足感。我认为金钱始终是一个重要因素。

从许多人的叙述中，可以清楚地看到，经济独立对这些在职母亲也很重要。在对女性所谓事业成功的概念研究中，这个因素似乎被低估了。我还观察到，（女性在）交谈中不时捎入与男性事业的各种对比。这符合曼海姆的观念：这代人觉得她们代表着时代精神，而不仅仅是个人生活。

有些对比显然是女性主义性质的，如坦尼娅所说的女性争取一份好工资很重要的观点，就属此类；有些则更隐蔽，且基于女性做出妥协的经验，因为她们担负着主要家长的角色。有些母亲说，她们刻意放弃了自己的抱负，而选择了以家庭生活为中心的职业。这些母亲往往做到中层管理职位。高级营销经理瓦莱丽谈道："工作之余有精力与孩子们一起，或者追求其他兴趣。"她的结论是："我决定把抱负放在其他方面。"

在一个公共部门担任董事的赞茜谈道："在工作中划定界限……有些事情我不会做，它们属于事业动力和方向感更强的人。"她说，在她那个行业，要想爬到高位，晚上少不了交际应酬和参加各种活动。她自己不参与这些活动，她把这描述为有意识的选择，因为她是主要家长，而她丈夫的工作时间难以预测，薪水也比她高。有几个人明确表示不愿意形容自己的职业生活成功，因为她们觉得应该把重点放在自己作为母亲的角色上。凯伦在教育领域担任过几个高级领导职位，问及是否认为自己事业成功时，她的反应是：

> 不。我总说我只是假装……我总是这样，我想，因为……因为我觉得我的选择不是因为那对我的事业有多好，或者多么适合我的能力，我觉得这些工作大多是偶然的……我至今不明白我是怎么做到（高级职位）的（笑）……不知怎的，我从来没有过"你取得了一些成就"的感觉，因为说实话，

> 心里总有个声音告诉我，做母亲是我的首要职责。

大批女性指出，一旦孩子上学，她们就会加快事业进程。布里奇特是医生，她把成功定义为："能够在养育孩子的同时，继续建立事业，让她们知道你可以进一步扩大（事业）。我想，成功就是有3个快乐的孩子，并且仍然坚持工作。"这与毕姆罗斯等人的研究及麦里尔罗和苏利文提出的职业理论一致。总的来说，很明显，这些女性多数并未表达想做到有影响力职位的雄心。她们的时间焦点主要集中在当前，而不是未来。

❋ 女儿们如何谈论抱负与成功

谈到关于女性与工作的公开争论时，许多女儿提到身处高级职位的女性，但涉及自己的事业愿景时，她们并没有使用"升到高位"和"成功"这样的字眼。只有4个人表示想要拥有一份有趣的职业，希望自己的事业会随着时间的推移而发展，并继续令她们感兴趣和觉得满意。

女儿们以关注自我形象的方式描述个人事业的"成功"，例如，知道自己擅长某事，并因为工作出色，或者做着有社会价值的事情而感到满意。正如第四章所讨论的那样，谈到工作带给自己的收益时，女儿们使用的语言往往与母亲如出一辙。本章开头引用的菲奥娜和费思的对话中，这一点显而易见。另一个例子是母亲盖尔和女儿吉娜。盖尔在咨询行业担任高级职务，吉娜想在母亲曾经工作过的领域找份工作。她俩都把对工作的兴趣放在首位：

> 盖尔（母亲）："我不认为自己特别有抱负，我的动力并不来自想要掌控一切的想法，而主要是对事情的兴趣，对我所做的事情的兴趣。"
>
> 吉娜（女儿）："我想从工作中获得快乐和满足。"

齐尼娅即将大学毕业，虽然她明确表示母亲的事业很成功，却对自己的抱负有所保留。齐尼娅对比了一位男性友人父亲的成功观，和她对母亲事业的看法：

> 有位朋友的父亲给他3个儿子提出的口号是"野心就是全部，成功就是一切"。我不这样认为……我不需要做第一名……我的抱负主要是做一些我认为值得，带给我快乐的事情，而不是做房间里最重要的人物。（关于母亲的事业）我认为她受到很多人的尊敬，可能比其他人更受尊重吧。我觉得她很容易忽视这一点。我想，也许是因为作为一个女人，你不能太骄傲，而要显得谦虚。但是，是的，我认为她成功。

少部分女儿对高层职位持保留态度，因为高层职位的基础是：成功等于长时间工作和有压力的文化。她们怀疑自己的身体或心理是否承受得了那种紧张。研究生维里蒂担任现职两年了，她堪称这种想法的典型例证。她说："我不希望压力太大、需要付出很多额外时间的高职位。那种岗位要承担很多。我不会那样。"

这证实了诸如现在机遇的研究结论。这些研究发现，49%的女性高级管理人员和53%的初、中级女性管理人员（在23000多人的样本中占大多数），不喜欢机构文化要求高管的那种生活方式和时间。几乎所有的女儿都形容她们的母亲事业成功，这与她们的母亲是否做到中层以上的职位无关。在解释她们为什么认为母亲成功时，她们的语言主要体现了外部的成功标准，比如头衔赋予的地位，或者说母亲担任慈善机构主席、社会企业主席等。

医生薇洛这样形容她妈妈的成功："别人问到妈妈做什么工作时，我可以报出一个听起来重要的头衔"，许多人还自豪地描述母亲相对于男人而言的事业成功。例如，教育心理学家凯利把成功定义为"升至高位，赚取的薪水与男人旗鼓相当……如果你是一个女人，成功就是获得一个男人也必须得到的位置"。

有几位女儿明确说妈妈是成功的榜样。有这种看法的人从自己的观点出发，认为得到妈妈很好的哺育，并以此形容母亲的成功。在回答我关于如何定义职业女性成功的问题时，她们既援引了母亲在工作中的成功，也谈到妈妈作为母亲的成功。比如布里奇特和她女儿贝思在联合访谈中的一段对话，她说："我妈是我的榜样。她是一个成功的在职母亲。妈妈你可能不认为你成功，但你在工作上是成功的，而且你是一个成功的母亲。"

还有简的女儿杰西卡，她说："我从妈妈身上学到做自己想做之事的可能性。我不应该以任何方式限制自己的视野。我想她想让我觉得没问题，我可以非常成功，并且拥有一个家庭。"

总而言之，这项研究清楚地表明，许多母亲给女儿的感觉是，她们的成功主要是勤奋工作和擅于做好自己该做之事的副产品。即便女儿们认为自己的母亲拥有成功的事业，却几乎都认为这种成功是偶然的。伊莎贝儿阐明了这一点，她的妈妈到达了事业的巅峰，她的评价是："我妈碰巧干得很好……她总是说……因为碰上了，就要做好，而她做得很不错。"伊莎贝儿进而把她母亲与事业成功的关系形容为"隐秘的抱负"。

❀ 解释隐秘的抱负

这些母亲之所以倾向于淡化成功，可能与前面谈到的不安全感—信心问题有关。正如媒体公司总裁塔拉所说："有时我会因为我的薪水感到内疚。我想，'我值吗？'……在那些感觉'我很糟糕'的一个个瞬间，我会自我怀疑。"另一位女士说，她曾听过

BBC广播4台"女性时间——女强人名单"栏目采访的一些女性，其中许多人都说自己感觉没有力量，以某种方式等着被人发现。

这种名为"冒名顶替者综合征"（imposter syndrome）的现象普遍存在，许多研究者认为这是高成就女性的问题。其他动因可能还包括对女性社会化方式的反应，女性觉得应该展现某种自我意识，如显得谦虚。根据刻板的男性化定义，抱负指毫不掩饰渴望爬上高位的竞争心态，女性与这种定义的暧昧关系可能也是导致"隐秘的抱负"的一个因素。

对淡化成功的另一个合理解释是，有些人不希望把工作生活带入家庭。这种情形主要发生在"理想主义"派母亲的身上（如第二章所讨论的），她们对长时间工作感到更普遍的内疚。因为工作而感到内疚的人不太可能在家里谈论工作，其他母亲的动机是不愿意把工作压力带回家。"女儿母亲"丹尼丝开办了自己的营销公司，她说：

> 我讨厌把工作带回家。我讨厌在家里聊工作。我很少谈论一天的工作，工作中的问题，或者我做了什么事情，因为……压力很大……赶工期，必须把事情做完的情况下，我想我有意识地不在家里说这些事。

鉴于流行的社会话语认为母亲应该工作，有几位母亲因此也担忧家长角色的价值降低了。奥拉从经济的角度谈到这一点：

> 我认为抚养孩子的过程被严重低估了，以致女性外出做低价值工作，主要目的只是付钱让别人做她们可以做的高价值工作……做父母是一项极其艰巨的工作，顺理成章，你会希望由一位家长来做这件事，你们两人创造的经济价值都超过这件事的价值，这样的可能性很小。

还有一个合理解释是，母亲们可能低估了女儿对她们事业的兴趣，以及她们的事业成功对于女儿的重要示范意义。

"隐秘的抱负"的一个含义是，别人问起时，女儿们形容母亲的事业成功，可她们并没有真正内化这句话的意义。女儿一代也明里暗里地承认，作为女性，社会期望她们对自己的成就表示谦虚。因此，母亲事业成功并未导致女儿们表达自己也要达到相似高位的愿望。

此外，尽管她们认为母亲成功地兼顾了母职与事业，但对于自己是否可以做到这一点，许多女儿表示缺少信心。这证实了许多学术和实证研究的结论。第七章将更加深入地讨论这些结论。

同样值得注意的是，有几个女儿告诉我，她们认为自己不太可能像母亲那样成功，这基于两点：

首先，她们认为外部环境构成阻碍。2008—2013年，英国经济衰退，就业和升职的速度放缓，所以她们预计自己不会像母亲那样，生第一个孩子时就已经处于高位。女儿们认为这会妨碍事业的发展。

其次，她们并不觉得因为母亲一路高升，自己也做得到，而是持有相反的观点。她们认为很少有人能做到高层，所以她们做到高层的前景很渺茫。正如许多人所认为的那样，这也许表明女性信心不足的倾向。

总之，大多数母亲，包括许多事业达到很高水平的母亲，在女儿面前似乎都对自己的事业成功轻描淡写。大多数事业成功的母亲不同女儿讨论关于升迁到高层或有关抱负的话题。她们不谈高职位带给她们自己和其他人的好处，像博斯托克等学者所说，这是更为女性化的对"成功"的定义。做到高层往往不被视为可能的职业结果。因此，无怪乎女儿们表现出对辛勤、愉快和充实工作的兴致，但很少谈及成为高管的抱负。有 4 个人属于例外，她们给人以启迪。

※ 清晰的抱负

有两位母亲成功创办了企业并成了公众人物，她们形容自己雄心勃勃。谈到自己的事业时，只有 4 个女儿自称满腹雄心，其中两位是这两位母亲的女儿。这些女儿也称赞母亲给她们的鼓励：

你可以实现自己的抱负。

女儿杰西卡说："我妈妈教会我要有抱负，要知道自己对工作和生活的期待，并相信可以如愿以偿。"她的母亲简是少数自称"勤劳、坚毅、雄心勃勃"的母亲。艾莉有自己的企业，她说："我雄心勃勃，而不只是想当一名工匠，我想要打造一个大品牌。"她的母亲艾依昂娜是唯一一位直言从踏入职场伊始，就一心想做到高层的母亲。

> 我每年的目标都是晋升，每年我都得到了晋升……我从来不是为了钱。我只想扩大业务并且保持增长……我希望人们说，"天哪，你创办了一个了不起的东西"。……我是一个非常有抱负的人。我一直想达到巅峰，我看不出有什么理由做不到。

上述两位母亲还为女儿提供了直接的实际帮助，使她们获得了与未来职业相关的经验。这表明，母亲真正与女儿直接讨论职业抱负，帮助她们获得技能并提供敲门砖（就是我所说的"直接影响"），确实对女儿的信心和抱负是一种鼓励。相较于与女儿谈论成功、抱负和以实际的方式鼓励女儿，母亲仅仅示范事业成功，作用似乎并不那么强大。

✳ 父亲的因素

另外两位谈到抱负的女儿是薇洛和菲奥娜。菲奥娜谈到她母亲的"完美主义基因"。她对父亲的认同感更强，之所以进入当前领域，也是出于父亲的建议。他鼓励她对自己的职业采取分析性的态度，要有长远思考。菲奥娜明确表示希望得到他的赞同。因为他的职业领域与她自己的更接近，所以日常职业建议方面，她常常咨询他，而不是询问母亲。

医生薇洛形容自己："追求成就……完成一件事后，我就想继续做下一件事。"她把这归结于父亲的影响。她父亲也是一位科学家，她认为他雄心万丈。

值得注意的是，样本中少有的几位有公众形象的母亲和几位达到事业高峰的母亲声称她们对父亲的认同超过母亲。在私营企业任首席执行官的艾依昂娜告诉我，女性强大的自信往往都是父亲灌输的："不知何故，如果是父亲的观点，女孩更容易相信。"这基于美国研究者尼尔森的发现：父亲在女儿童年时期积极参与（女儿的教育），促进其学业或体育成就，鼓励她们自立，有主张，则女儿更有可能上大学，并进入高薪酬、高要求的职业。

她还指出，在世界政治领导人中，没有兄弟的女性明显占多数。她认为这是因为她们的父亲更多地鼓励她们取得卓越成就。这又涉及这个观念：抱负和成就经常被视为男性特质。图切尔和埃德蒙兹指出，他们访谈的 100 名成功女性中，父亲的积极支持似乎使其中一些人雄心勃勃，并承认自己有雄心壮志。

❋ 结论

（我访谈的）许多女儿拥有良好的学历，已经踏上专业性和管理型岗位，具备登上职业巅峰的潜力。这并不是说登上事业巅峰应该是每个人的目标。各个女性，就像各个男性一样，有不同的抱负和优先考虑。然而，研究人员继续发现这样的特征：在组织化职业中，女性仍然感到有些因素抑制其表现得好胜和雄心勃勃。

我认为，如果"爬到高层"被认为是一个可实现的可欲求的结果，那么，在职场上，这对女性个体和性别平等的实现是有益的。不应该设置对女性比对男性更为不利的障碍。自信和抱负是相互联系的，因为表达承担更多责任或挑战的信心有利于获得面对新挑战的机会。因此，继续讨论两性在信心不足感方面持续存在的不均衡也是有益的。

本研究中的母亲辈和祖母辈已经取得了事业上的成功。有的做到主管或部门头目，更多的人位居更高职位。本研究表明，很多母亲都是女儿的导师，就可能取得怎样的成就而言，她们也充当了（女儿的）榜样，同时，对于女儿的早期职业期望，也发挥着深远的影响。然而，女儿们的叙述也表明，大多数母亲低估了自己的成功：通过她们对自己工作的评价，她们表现出珍视什么，以及她们闭口不谈的那些高职位的好处。伊莎贝儿的母亲处于事业的巅峰。她形容妈妈有"隐秘的抱负"。

当然，一些身处高位的母亲认为，向女儿灌输自我信念方面，父亲更有说服力。此外，许多母亲注重做好工作，对自己的成就显得很谦虚——这个发现也表明，许多母亲不可能教女儿如何在工作中获得和展示自信。

她们也不表达自己的成功，以及成功之于她们的意义，比如，身居权力位置时，可以实现怎样的个人满意感，怎样的社会利益，或者通过促进团队的成绩，可以实现什么价值。这些职业成果与女性定义事业成功的方式更为吻合。这样就保留了抱负的经典定义，即赢得"抵达高层"的竞争，而这个定义更接近刻板的男性特质。

4对母女谈到了雄心抱负，她们提供的证据表明，口头传递抱负的方式对"千禧一代"女儿的影响力超过单纯的事业成功示范。这证实了摩恩等人的研究，他们认为，对女儿的影响力，母亲所表现出的态度超过其在职场的地位。如果事业成功的母亲更多地谈论她们通过拥有地位和资历能够实现的成就，那么就会扩大成功的定义，给年轻女性以更强烈的激励。

当然，身处职业最高层的母亲们除了实施干预，堵塞"漏水的管道"，还需要更多的作为，而在职母亲们可以在其中扮演重要的角色。得出这个结论乃是由于研究证据表明，女性能够担任领导职位与父亲的鼓励有关。本章最后的篇幅留给伊莎贝儿。她刚刚大学毕业，母亲是职位最高的妈妈之一。伊莎贝儿的结论是，随着年龄的增长，她愿意更多地了解父母的工作和成就：

> 我想我会多和我的孩子谈谈……成人的事情。总有些成人的事情是我们没有参与的，那主要是他们的工作和新闻……我本来想更多了解这些方面……因为只是到了现在，回顾他们的生活，我才感到惊叹！我正在看爸爸的简历，他好棒啊。而我从来一无所知，因为（在我眼中），他总是蠢蠢的、行动笨拙的胖老爸。妈妈也太棒了。我觉得很可惜。

本章得出三个要点：

——大多数母亲不谈论自身的职业成功，或者那些会激励女性事业心的价值观，比如，就对实现个人满意度和社会价值而言，取得有影响力的职位有什么意义。我用"隐秘的抱负"形容这种情形。

——许多女性因为某些原因觉得谈论职业抱负不舒服，而父亲的鼓励对女性走上事业巅峰有着积极的影响。

——母亲对女儿事业的影响甚至可以更强大，因为与男性相比，女性展现出更宽泛的事业成功标准，并且有得天独厚的优势，可以就职场文化和母职所致的性别障碍提出建议。

第六章将探讨为兼顾工作与母职担忧的女儿们，她们的目标和愿望，以及母职文化的变化。

| 第六章 |
女儿对做在职母亲的憧憬

❀ 本章主题

本章将重点转到女儿身上，考察她们对如何兼顾工作与母职的期待，探索目前尚未有孩子的女儿做母亲的想法有多强烈，以及生儿育女对她们事业发展的影响。我把她们的观点与9位"女儿母亲"的观点进行了比较，这9位母亲至少都有一个5岁以下的孩子。本章将呈现本研究的一个重要发现：一半以上的女儿目前处于兼职状态，或者准备兼职。

大多数女儿认为自己的母亲示范了这样的经验：既具有愉快、满意和基本上全职的工作，又是"亲力亲为"、鼓励孩子，并与孩子情感亲密的家长。

厄秀拉在卫生服务部门工作。她希望得到资金，接受她所向往的职业培训。她目前没有男朋友，显然处于事业的初始阶段，然而，她告诉我，关于生孩子这事，她思考了很多：

> 我拼命地想生孩子。真的，真的。非常非常想。我觉得有孩子是件大好事。说实话，我认为，部分原因是，作为一个女人……也许有史以来，到今天依然如故……我觉得如果没有孩子，自己就不是真正的成年人。这是事关女人身份的一件大事。

厄秀拉有好几个朋友快生孩子了，她说来自脸书朋友的压力让她想生孩子的感觉倍加强烈。女儿一代对社交媒体，尤其是对脸书的强烈反应，在那些同辈人有孩子，特别是自己有孩子的女儿中，是一个显著的现象。厄秀拉说：

> 我觉得脸书逼着我生孩子。持续不断地逼迫。我的大多数朋友都有孩子了。有些朋友没有孩子，但现在各个群体都受到了影响。她们的（脸书）状态暗示孩子是生命的意义所

在，如果没有孩子，你就什么都不是。我是说，大部分时间我们看到的是"我刚把孩子弄上床"，或者"我刚给孩子们做好晚饭"之类的信息，我就想，"哦，很好，那没什么意思。"很疯狂是不是？

厄秀拉认为，对她来说，生孩子比工作更重要，但她也希望工作，按她的说法："那是你生命的两大支柱。"然而，想到生孩子，她考虑兼职工作。她的观点是，除非兼职，否则就没时间当个好妈妈。

> 我肯定要休一年（产假），也许再休一年，这得看我是否感到无聊。我想也许……兼职只是为了保持与成年人的交往，同时多少有点儿出门的机会，而不是突然就得回归全职工作，完全没有时间。

其他多数女儿的看法如出一辙。做个好母亲被等同于上班时间和在家时间的多少。厄秀拉代表了许多没有孩子的女儿，她们期待有孩子，并想着如何围绕母职塑造自己的事业。22 位没有孩子的女儿中，有 11 位正在积极思考生孩子的事，以及此事对事业的影响，还有 7 位对这事只有模糊的想法。只有 4 个人完全没想过这事，或者觉得也许不想要孩子。此外，9 位"女儿母亲"中，

3 位有意识地把生孩子纳入了事业选择的考虑，有两人在结婚之后换了工作。

丹尼丝有两个孩子。她是一家营销公司的创始人、总裁，也是"女儿母亲"中唯一一位承担主要养家责任的人。为了有更多的时间陪伴孩子们，她最近创办了第二家公司。她认为，"随着年龄的增长，他们更需要你在身边……鼓励他们做作业，参加学校的演出和家长之夜活动"。可以更好地控制工作计划——这种愿望是一个具有共通性的主题，目的是出席（孩子的）重要活动，以及需要时去学校露个面。不同于其他大多数"女儿母亲"，丹尼丝的产假比较短，一次休了 6 个月，一次休了 5 个月。她说，自从有了孩子，她甚至从来没有动过不回到工作岗位的念头，因为"工作给了我做母亲之外的目标"。

孩子上学之前，她把他们放在全托托儿所。她的工作也在于努力为自己和家人创造一份安逸的生活，按她的定义，安逸的生活指有一所房子，一辆车，有钱做些惬意的事情，如一日游，上餐馆和度假等。她希望成为孩子们的"榜样"，就像她觉得她妈妈之于她一样。

她的母亲唐娜在国外生活，离婚后回到英国，不得不重新接受培训，并找了一份教职养育几个女儿。在本研究中，认为自己并没有因为母亲长时间工作而受到不良影响的人，丹尼丝是唯一的一个，她也相信自己长时间工作对自己的孩子不是问题:"我没有'母亲的内疚'那样的概念,我不会想'我女儿没事吧'?因为我妈妈上班,而我个人很好。我没有那种分离焦虑。"

因此,引人注目的是,绝大多数女儿明明觉得全职,或近乎全职工作的妈妈给了自己很好的抚养,可似乎没有足够强大的力量来抗衡这个文化观念,即做一个成功的母亲意味着缩短工作时间,以便有大部分时间亲自带孩子。

※ 性别认同和对母职的期待

没有子女的女性将母职作为决策时的考量因素,这个想法受制于这样的观点:生儿育女是女性角色的一部分。在没有孩子的 22 个女儿中,有 19 个表示想要孩子。由于并非所有女性都想做母亲,所以省却母职和女性气质被认为有问题。霍多罗夫(Chodorow)认为,成为母亲的希望构成女性主体性更为持久的部分,这一洞见与本研究有关联。

霍多罗夫、比耶鲁姆·尼尔森和鲁德伯格、克朗普顿和哈里斯都认为,母职的观念对大多数成年女性形成冲击,因为女性气质和母职之间的联系适用于身份层面,即便作为对社会角色改变的回应,个人身份处于变化当中。

长久以来,人们认为女性的身份与她们的关系交织在一起,其中母职的观念和经验尤其强大，因为"孩子是最后留下，不可逆转，永恒不变的主要关系来源"。

女性对母职的这种自我认同也是一种社会强加的外在建构。哲学家巴特斯比提出了这样一个观点："在现代西方文化中，无论一个女人是否是同性恋、不孕不育、绝经或无子女，她都将被打发到一个与身体相关联的主体位置，而这个身体被视为有生育的潜能。"

这与加特莱尔的这个论断相联系：包含了性别意识的社会规范影响女性的工作决定，早在做母亲之前，她们就考虑兼顾工作与母职。她以医学生为例。就医学专业训练方向做决定时，她们被引导以对家庭更友好的原则为决策基础。她们觉得自己的决定"是被强加的，而在当时，她们甚至都还没做是否生孩子的准备"。与此相关的还有年轻女性表达的这类担心：她们在职场的进步将受到性别的阻碍。第五章也谈到了这一点。

奥兰治（Orrange）在美国做的一项定性研究表明，专业人士也在考虑生育对事业的潜在影响。奥兰治的访谈对象是25岁、30岁以下的学生，这些人已经接受了高级法学和商学教育，但就希望如何建构家庭生活而言，男女学生之间的想法大相径庭。大多数女生想要"很强的平均主义方式"，奥兰治认为，这种方式意味着充分分享事业机会和分担家庭责任。

然而，对于未来的愿望有多大的现实可能性，有些人表达了矛盾态度，因为，不同于男性，积极应对工作与家庭生活问题的责任落在她们身上。她们认为自己的男伴可能不希望平等分享机会和分担责任。奥兰治还发现了一个女性亚群体，她们介于"强烈的平均主义形式"类型之间，由于职业抱负的原因，考虑保持单身的可能性。

这项研究表明，21世纪开始职业生涯的一代女性怀疑是否可以实现更平等的家庭生活方式（克朗普顿认为，这是一个更优化的模式），并且正在做出相应的选择。然而，我发现，有些人决定兼职工作的主要动因，是将兼职工作等同于做个好母亲，有些人则是因为抱有担当主要照顾者角色的积极愿望，而不是出于害怕伴侣可能不想或者不能平等参与而做出消极反弹。

✳ 关于做在职妈妈的"选择"观念

即将成为母亲的中产阶级女性经常谈到，现在有可能就如何兼顾工作与母职做出任何选择。有些女儿明确把这种代际差异与母亲那代人的女性主义遗产相联系，在营销服务业工作的梅根称之为"性别平等正常化"。这些观点反映了麦克罗比所认定的"平等的幻觉"。

麦克罗比描述了年轻女性如何被视为无性别的员工，并强调了"权威视野"的改变，从与男性竞争的想法，变为把自我作为一个对之施加行动的项目这一观念。许多学者辩称，选择是个虚幻的概念，与女性的生活经验相左。

斯通曾研究雄心勃勃的美国在职母亲离职的原因，他解释说："选择之说……往往具有遮蔽作用，或者使她们看不到自身面临的约束，看不到她们其实是在这样的约束下实施决定。女性确实受到各种所谓选择说辞的狂轰滥炸，但是，围绕哺育的思想和实践，在专业工作被视为理所当然的情况下，很难看清楚结构。"

斯通的结论是，女性意识到自己面临诸多制约，但由于强大的文化信念，而且在其他话语又缺少的情况下，很难想象她们受到多大的约束。此外，根据斯通的说法，成功的职业女性往往具有强烈的个人能动意识，这就唤起了她们那种有选择的感觉。

作为工作者，她们的压力来自"目标、指标和标准的设定，以及据此对人的业绩进行衡量的做法，这是现代社会后期的一个整体特征"。

这也来自雇主和女性本身就开展这项工作所需条件的认识。斯通的主要结论是，对于她样本中绝大多数最终选择放弃的职业女性来说，"最重要的决定因素是工作方面的考虑，而不是家庭"。考虑如何兼顾工作与母职时，女性勉力应对许多复杂的推力和拉力，包括做个好母亲和好员工的愿望，职场为她们的家庭责任提供的灵活性不够，以及能获得且负担得起的托儿服务，还有工作与家庭要求之间的紧张。

　　媒体上的争论也常常被包装为这样的说辞：每个个体都可以选择做自己想做的那种母亲，可以工作，可以不工作，或者兼职。威廉姆斯认为，媒体对选择的轻率描述掩盖了对女性动机的复杂性和结果影响能力的理解。《每日电讯报》（*Daily Telegraph*）的一个报道就是众多的"轻率"事例之一。英国联合政府宣布提供共享育儿假政策的次日，该报道称："一旦昨天的言论被抛诸脑后，父母无疑会继续选择最适合自己情况的那种工作—生活平衡"。

※ 当代母亲文化脚本

　　我现在把注意力集中在母亲的文化脚本上。文化脚本（cultural scripts）指"在更广大的社会中可以识别的群体的集体意识，这些意识为可用，尤其是可接受的文化脚本提供了框架"。弗莱迪认为，当代养育文化正在转向父母决定论（parental determinism），也就是说，父母，尤其是母亲，对子女的利益、健康和成功负有直接和主要责任。史密斯（Smith）从这一观察出发，说明这一文化转变：直到20世纪70年代初中期，动词"当父母"才被广泛地用来描述母亲和父亲的行为。养育的主要责任通常被性别化，所以动词"当父母"往往是"当妈"的代名词。

弗莱迪认为，紧随父母决定论的兴起，人们认为孩子面临危险时家长应该予以管控的文化意识高涨。这些文化转变意味着，传统上，良好的养育与培养、激励和帮助孩子社会化有关，而"今天则与监控他们的活动有关"。

费尔克洛思（Faircloth）明确把风险意识与"强化养育"（intensive parenting）的兴起相提并论。"强化养育"一语最早由海斯创造，描述欧美地区的一种母亲角色意识形态，其中涉及花费"大量时间、精力和金钱养育子女"。和所有意识形态一样，这种意识形态并不为所有母亲接受，也不是所有受其影响的人都有同等程度的接受。然而，许多研究母性的学者都对这一趋势进行了解析。

与在职母亲特别相关的是克里斯托弗的"广泛责任"（extensive responsibility）概念，意指母亲为影响和改善孩子的日常生活和人生机会，进行干预所花费的时间和心理能量，即便她们将责任交托给他人。

此外，汤姆森等人在对初为人母者的研究中，提出了"责任的强化"（intensification of responsibility）之说，描述"父母期望的膨胀和旨在提升儿童所进行的干预措施的激增"。像巴雷泽（Baraitser）和拉劳（Lareau）一样，他们观察到，这种趋势表达了这样一个愿望，即让孩子为取得教育成功和拥有良好工作的人生竞争做准备。促进孩子进步也成了主要以家庭为中心的女性和外出工作时间较长的女性之间的竞争渠道。虽然这些社会因素适用于大多数母亲，但"中产阶级的焦虑感及其表现的不安全感增强"加剧了这些因素的影响。

父母决定论的兴起体现在养育专家和出版撰述给妈妈们的日益增多的指导性建议中。巴雷泽将现代母性定义为公开的展示，体现为母亲塑造孩子与众不同的愿望。作为更公开的行为，母性还包括使用妈妈网（Mumsnet，声称每月有 5000 万的网页浏览量）、脸书和应时塔照片分享网（Instagram）等社交媒体。也可以说社交媒体促进了比较和竞争。就应该如何做母亲，今天的母亲比20 世纪 80、90 年代的母亲面临更高的社会期待，后者养育孩子的环境更私人化、家庭化。

就做母亲的正确与错误方式而言，这些母性文化脚本建立了强烈的公众观念，它们与母亲的内疚感有着明显的关联。母亲的良好哺育也与她的实际存在、与她在子女发展方面投入的时间多寡有关，对于从事一份要求严格的职业的母亲，这是一个挑战。这些观点与代际研究关系特别紧密。代际研究的重点是个人生平，及其与育儿的文化和社会心理期望之间的相互交织。

※ 驱动工作时长决定的因素具有复杂性

美国的定量研究表明，在劳动力市场上缩短了工作时间的受访者中，受过大学教育的女性具有独特性。维尔（Vere）研究发现，在提供给劳动力市场的时间方面，出生于1978—1979年的女性大学毕业生不及1972—1973年出生的前辈。他排除了需求驱动因素，因为到27岁时，女性的累积劳动收入已经上升，在劳动力市场上的工作时间下降方面，教育时间增加的因素只占1/6。他也排除了生育率增加的因素。所以，维尔认为，下降的原因可能是，"无论市场给定的工资是多少"，这些女性都不愿意为之提供更多的工作时间。维尔的研究没有涉及工作时间下降的原因。

许多研究文献指出，孩子出生后，工作时长选择背后的动机在情感上相当复杂，也是对一个家庭所需收入水平等经济因素考虑的实际回应。而且，研究者认为，所谓的实际约束也有情感影响。邓肯（Duncan）认为，经济需求也有文化制约的成分，因为表面上看，基于经济的决定与其他因素交织在一起，例如，女性在生产过程中体验到强烈的，而且可能是意想不到的母性情感，由此导致她们产生更多以家庭为基础的愿望。相反，沃尔夫指出，为了支付儿童保育、娱乐、度假及家务帮工之类"使兼顾工作与一个舒适的家和愉快的闲暇比较容易的事情，全职工作具有经济上的必要性——尽管这种必要性是文化建构的"。

相比其他女性，从事专业性和管理型工作的母亲更可能将照料孩子的工作委托给外人，英国担任管理/专业职位的女性中，15%的人倾向于雇用保育员、保姆或互惠生，约35%的人使用托儿所。这意味着一个自我延续的循环，其中，职业的要求带来了购买家务支持的支出，这份支出反过来又刺激了对高要求职业收入的需求。

这些因素中，另一个可能影响全职或近乎全职工作的经济因素是离婚，要么是因为挣钱的必要性增加了，要么是因为财务安全带来了更大的离婚自由。麦克雷对1988年第一个孩子出生后工作了10年的女性进行了纵向研究，发现持续全职工作的女性中，26%经历了婚姻破裂，而持续兼职的人中，婚姻破裂的只有8%。

另一方面，利用"千禧群体研究"的结果，考察母亲是主要收入来源，或在收入上与丈夫并驾齐驱时，有年幼子女的夫妻是否更有可能离异，但发现这与关系是否稳定没有联系。然而，本研究确实表明，"女儿母亲"的工作时长与离异家长的财务不安全感存在关联。

母亲作为主要养家人的就业历史显然也影响到工作选择。来自"千禧群体研究"的证据表明，作为主要收入来源的母亲最有可能继续从事全职工作，在孩子5岁之前继续从事全职工作的母亲中，这种主要挣钱人占25%。全职工作的人拥有的工作也更有可能属于SOC1和SOC2。因此或许可以这样理解：对于这些女性来说，工作是一种必需，而不是一种选择，或者既是选择，也是必需。

正如第三章所论述的那样，同上一代相比，"千禧一代"可能更愿意在工作之外拥有更多的休闲时间，这种意愿与母性无关。

❊ 选择职业时心里想着当妈的事

回到本研究。选择职业时，心里想着孩子的3个人都属于"女儿母亲"。教育心理学家凯利规划职业道路时，以上大学前生育孩子的想法为中心。这份工作的吸引力在于，兼职工作是常见的做法，工作时间可以预测，而且既是一份令人满意的职业，同时也符合她的专业观点：有母亲陪伴的情况下，学龄前儿童会成长得更好。

凯利的母亲在一个类似的领域工作，这些观点都是她告诉女儿的。凯利生孩子的计划甚至涵盖搬到父母家附近居住的安排，这样，她重回工作岗位后，她妈妈可以照顾孙女儿。生第一个孩子前，凯利全职上班，我采访她的时候，她正在休产假。关于自己的工作，凯利的评价是：

> 对于一个女人来说，这是一份很好的工作，因为，我是说我认识的一些人全职上班，仍然可以到学校接孩子放学，还拿着全职工资，很多人做不到这样。你可以休假，假期时间长得多，通常有很多事情可以在家做，我的工作尤其如此，

所以这真的很棒。

　　另外两位在选择职业时就将生育纳入考虑的人婚后换了职业。汉娜放弃了在表演艺术行业的工作，像她母亲一样成了教师。之前她同母亲讨论过这个选项。葆拉转行做了牙医，她考虑过做医生，但她和医生丈夫的观察让她打了退堂鼓。她说："如果你想要孩子，那不是特别有利，我们看到夫妻两个都是医生的朋友婚后真的是疲于招架。"

　　葆拉每周工作 29 个小时。她的评论是，会议时间可预见，下班后不用工作（专业培训除外），这些事实使牙医成了"女性的好工作"。为了兼顾照料孩子的责任，这 3 位"女儿母亲"都减少了工作时间。因此，有意思的是，对于丈夫事业处于优先地位的情况，她们都表达了疑虑和愤慨。在我的采访中，凯利谈到她对事业上的妥协感到愤怒时，将自己与做同样工作的丈夫进行了对比：

　　　　我是资深主课老师，他是副校长！而且我们同时受训！而且我比他强得多。他接替的是一个男人，面试他的是一个男人。一旦到了那么高的位置，周围全是男人……肯定有点儿性别歧视，肯定。而且他不会花时间生孩子。他们一直都深信我们会花时间生孩子。是啊，天哪，情况仍然如此，不是吗？

选择职业时心中想着孩子，尤其是使用"对女性是份好工作"这种说法的人，往往存有女性应该对子女承担主要责任这一根深蒂固的观念。

※ "两全其美"

没有孩子的女儿们的说法表明，大多数人想象，一旦有了孩子，会大幅缩短工作时间。换句话说，她们设想围绕孩子塑造自己的事业。考虑兼职的女儿受到相同主导思想的强烈影响，认为这会让她们在"两全其美"之间取得平衡。"平衡"这个概念代表她们偏离了母亲那一代"拥有一切"的修辞。

罗藤贝格认为，将进步的中产阶级母亲视为"平衡"的观念创造了一种新的性别规范，冀望女性从兼顾工作和家庭领域的双重责任中获得满足感。社会不再要求女性选择人生的一个领域而放弃另一个领域。

然而，罗藤贝格指出，"平衡"和"一切"一样难以实现，因为女性仍然没有从家庭生活的主要责任中解脱出来，现在还背负上了这样的想法：为了确保拥有幸福的人生，她们应该做出更好的选择。

在本研究中，这个想法以"两全其美"一语概括。母亲应兼职，这个想法基于几乎所有女儿所表达的共同想法，如厄秀拉所说："如果老是看不到孩子，那我会觉得，生孩子有什么意思呢？"

换句话说，如果你全职工作，你就老看不到孩子。这似乎是有关二元选择广义思考的一个例子。二元选择根源于强烈的文化叙事，将母亲与主要家长的角色相联系。本科生杰西卡表明，有些人意识到，从社会上得到的信息相互矛盾："这是比较艰难的地方。一方面，身为母亲，你对孩子有责任，你不想做一个缺位的母亲，或者让孩子由保姆带大；另一方面，如果家庭之外一无所有，那么你不希望因为生活的局限而感到沮丧。我认为这些是电影或书本滤掉的矛盾图景。"

本研究中的许多女儿都表达了大幅削减工作时间的愿望，尽管她们对职业投入很多，承认工作是构成她们身份的关键部分。凯利计划在产假结束后回单位做兼职工作，她说：

> 我们生孩子都比较晚。我花了15年时间打造自己的事业，所以完全放弃简直就是一场噩梦……我不会是我……这是我的身份不是吗？我不能只当个妈妈……否则，我们培养女性做什么？培养多年，然后就放弃了……想想，女人处于一种进退维谷的状态，不是吗？

有些女儿注意到，有孩子的女同事在事业上遇到了问题，但她们依然坚持兼职工作的想法。这些女儿也知道兼职工作有很多缺点，从"被拉下"的角度来看，不得不接受"事业损失"，失去晋升机会，难以应付单位的要求，而多数人又希望母亲们可以像减少工作时间之前那样做那么多事情——但拿更少的钱。例如，律师娜塔莉说：

> 事业上肯定有损失，因为你要休一年产假，所以你已经失去了整整一年的进步。人员变了，关系网、制度也变了。所以说，是啊，由于你终止工作，你得接受损失。

扎拉从事营销工作，她显示了如何调和这些观点：

> 兼职工作让你拥有两个领域最大的好处。由于人们对兼职工作的人有看法，事业不如希望的那么成功，但你总归有一份职业。你仍然拥有职业、尊重和人类文明……而且你同时也可以和孩子保持紧密联系，得到平衡。

接受采访的女儿们也表示，有些朋友准备生孩子后转换职业，从抱负高远的职业换到要求不那么高的工作。本科生齐尼娅说："我的感觉是，因为很多人选择了对生孩子而言有问题的工作，所以她们很乐意做几年，到 30 岁有了孩子后，再重新评估一切。"

"两全其美"的想法与主流的社会话语一致，即对学龄前儿童的母亲而言，兼职是最合适的选择。正如第三章讨论的那样，英国社会态度调查显示，各年龄段的受访者中，只有 11% 的人不赞成把母亲视为主要照顾者。

在本研究中，想象自己会全职工作的女儿分为两种类型。把全职工作视为积极选项的人往往设想为自己打工，或者已经把设想付诸实践，或者认识一些所在领域能提供自主性或灵活性的典范。另一个类型的人因为经济原因，觉得别无选择，只能全职工作。

我观察到，所有访谈都很少涉及生孩子后的全职工作选项。这一点也很重要：想象自己会全职工作的人觉得，无论有没有孩子，事业都会受到负面影响，因为她们有可能会怀孕。在金融界工作的菲奥娜举例说："我想如果你要结婚了……你可能会被一个男人超过，因为他们会想，这个男人的事业不会受到同样的影响。"

更引人注目的是，这么多女儿欣然接受兼职工作是最佳选择的观念，毕竟她们已经在职业道路上付出了这么多。而且，大多数人认为，她们成长的过程中，母亲全职工作，或接近全职工作，而这样的经历并没有对她们产生负面影响。然而，女儿们对灵活工作的选项知之甚少，这影响到她们兼职的愿望，许多人以为只有全职和兼职这么两个选项。兼职工作的公认定义是：一种按合同减少员工履职时间的工作模式。

灵活的工作也指灵活的时间（各种不同的上班时间和下班时间）、削减工作时间、通常在家工作、只在约定时间工作、按照每年约定的天数工作，及分担工作——指由两个或两个以上的人共同承担一项职责。这些参与者没有接触到甘布尔斯（Gambles）等学者的观点。学者们认为，兼职工作是工作与母职结合的最佳方式，这样的说法乃是一个神话，感到工作渗透进生活的兼职母亲们证明，这个观点真实不虚。

不同于许多研究人员的描述，兼职给职业奖赏和满意度带来惩罚，对此，女儿们也不见得有深入的了解。同样显而易见的是，除了对孩子上学时工作或对在家工作有些模糊的认识，对于灵活工作意味着什么，或者可能意味着什么，她们也知之甚少，只有几个人提到共同承担任务的工作方式。

"女儿母亲"确实了解更灵活的工作方式，显然，能够灵活工作或者对工作有自主权，与对工作和母职兼顾持有积极情感，二者一脉相承。例如，任职医疗服务领域的艾米将全职工作减少到4天。因为工作的内容及具有的社会价值，也因为据她报告，她的雇主在意她的工作量而不是工作时间，她发现自己的工作非常令人满意。她把自己的情况与她姐姐作为企业律师的经历进行了对比。公司勉强允许她姐姐减少工作的天数，然后跟她明说，由于她减少了上班时间，他们会很高兴她辞职。

也可以说，对于在单位的地位下降，母亲们也予以了配合，因为她们觉得自己两项工作都做得不够好。女性们也经常声称她们的工作时间超过了合同约定的时间，但既没有因此获得经济回报，也没有得到正面的承认。而且，本研究中的许多母亲和"女儿母亲"只要每周去单位上班的时间不足 40 小时（全职工作的标准定义），就说自己是在做兼职，而她们往往在家里加班加点地工作。这说明，就什么构成全职或兼职上班时间，英国没有官方定义。

❋ 当代母职文化

9 位"女儿母亲"向我解释了"两全其美"话语难以抗拒的原因。她们也将做一个好妈妈等同于减少准备投入工作的时间，只有一个人采取了标准的全职工作时间。她们大部分谈话内容的重点都不是工作，而是有关哺育孩子的方式。我注意到她们频繁地使用与孩子"在一起"这个短语，或者另一个说法，"不离开"他们。这与巴雷泽的研究相呼应。他认为，由于孩子的迫切要求，母亲的生活不断被打断，这可能让母亲感到只活在当下。

跟孩子"在一起"的观念远远超出了（母亲）实际存在的范围，而延伸到感情上对孩子的帮助和引导。请她们考虑这些观点背后的含义时，"女儿母亲"谈到希望怎样做母亲，还回顾了在 NCT

咖啡群、产前群体、瑜伽课和线上及各种女性聚集的地方与其他女性的许多对话。巴雷泽把母亲们聚集的这些公共空间称为母亲的学习场所，她在这些地方了解她和孩子的哪些行为是可以接受的，哪些是不可以接受的。这种影响从怀孕的那一刻就开始发挥作用了，随着她们与其他的未来妈妈及紧随其后的妈妈们建立起网络，这种影响变得越来越强大。

"女儿母亲"经常说自己的决定带来"情绪压力"。许多人觉得，这种压力来自其他工作时间较短的女性有关育儿的论断。这是在职母亲关心的核心问题，她们担心自己不在的时候，孩子得不到很好的照顾。索菲是全职工作的"女儿母亲"，有一个孩子，她以戏剧化的方式表达观点，阐释了她与其他母亲的谈话内容：

> "你恢复全职工作了吗？"
> "是啊，她从早上8点到晚上6点都在托儿所。"
> "有些犯罪分子被关起来的时间都没她长，可怜的孩子。"

许多母亲和女儿也评论说，电影或电视上仍然很少有正面的职业女性范例。"女儿母亲"贝儿有两个女儿，她说，"从来没看到电视上的'妈妈'做自我发展或找工作之类的事情"。她还指出："电视剧中的女警察都是些为了工作忽视孩子的人。"

显然，这些负面刻板印象仍然存在于大众的意识中，这使人们，特别是其他女性，可以批评上班的妈妈。正如有 3 个女儿的"女儿母亲"、兼职工作的莉莉所说："我认为有人对我说过一些令人发指的话……'那你的小孩怎么样？肯定很难吧。'……但是作为一个上班妈妈，你永远不会觉得自己可以说，'你 8 年没工作了，你真的变得很无趣。'所以道德制高点是非常不利于在职母亲的。"

这样的对话让莉莉觉得，有些女性在很多方面都很慷慨，但对于其他人决定兼顾母职与工作的方式，却表现得小气、不支持，因为"当妈给有些人造成焦虑"，莉莉说，"我觉得对母职的叨叨……人们长篇大论谈论母乳喂养、免疫接种、婴儿食物、分娩……可以给人造成很大的压力，对女性没什么帮助。所以我发现当妈妈无助于姐妹情谊的建立"。

大多数新手妈妈认为，社交媒体以某种方式放大了母亲的压力。虽然社交媒体可以是有用的资讯和信息来源，但正如有两个女儿的"女儿母亲"贝儿所说，那也是母亲们可以目睹别人"谦虚地吹嘘"自家孩子成就和活动的平台。这可能会使"女儿母亲"感到，作为母亲，自己能力不足。

贝儿的主要身份是在家做家务的母亲，她拥有自己的线上生意。她这样评论拼趣（Pinterest）："我看到拼趣上的图片非常强调完美的养育……我推测人们为自己选择或创造品牌形象，在社交场合和脸书之类的网络上呈现，你看不到图片外的艰辛……这些东西是编辑出来供公众消费的。"

艾米还议及社交媒体给人越来越大的压力："我认为这事不容易，有了社交媒体（叹息）……你所有的选择都得到浓墨重彩的描绘，但也给你造成各种内疚：'你应该这样做'，'你应该那样做'，'如果想让宝宝聪明，你应该做 x、y、z。'"

来自女儿一代的证据符合父母决定论日益高涨的趋势。弗莱迪对此做了描述，汤姆森将其表述为"责任的强化"，因为中产阶级的焦虑和对育儿方式的不安全感而放大了。这并不是说母亲不应该兼职工作。我想强调的是社会压力的力量，因此这个选择难以抵挡。更重要的一点在于，职场缺少深思熟虑的选项：既适合于雇主，也给许多有事业的父母以想要的灵活性和自主性。

✷ 结论

本研究表明，22 个没有孩子的女儿中，只有 4 个准备生孩子，并且，对期望如何围绕这事建立自己的职业，有一些想法。最近刚开始工作的坦尼娅强调说，"母职和工作谈得很多了，不觉得这个问题已经得到了处理"。

关键是，几乎所有的女儿都相信并支持这样的信念：有一个长时间外出工作、对自己的职业感到满意的母亲，与她们被爱、得到良好哺育的感觉，二者并不矛盾。尽管如此，绝大多数人并不想模仿母亲，而是拥抱了兼职工作"两全其美"的主导思想。虽然减少工作时间的愿望有很多可能的解释，但在叙述中，女儿们明确将做母亲的方式与大幅缩减工作时间的愿望相提并论。

影响这种观点的主要文化脚本以母亲待在家里的时间与用于工作的时间作为良好养育的衡量标准。另一个影响因素是，除了兼职或全职，访谈时没有孩子的女儿们对于工作方式的了解并不深入。"两全其美"概念的主导地位与这一代女儿对工作的强烈认同并存，毕竟她们从接受教育开始就投身于自己的事业。而且，它与孩子给同事和朋友造成了负面影响的认识并存，尽管这样的认识并不完善。这些想法并不和谐共存，因此仍然需要霍克希尔德深刻阐述的那种"情绪管理"。

当代母亲文化越来越强调"平衡"，"父母决定论"和"责任的强化"，期待着做母亲的女儿们深受影响，而对"女儿母亲"们的影响甚至更加强烈。当代母亲文化的其他关键方面包括日益增加的公众监督，根据许多人的过往经验和预期，儿童保育的主要责任属于她们，而不是她们的伴侣。情况就是这样，尽管大多数女性并没有意识到自己的选择多么受限。

正如"女儿母亲"凯利的观察一样："我们真的有点困惑。不知道我们是否真的知道，对于身负母职的职业女性，属于我们的圣杯到底是什么。"这些因素都给个别母亲造成了压力，使她们积极引导和监督自己的孩子。在同时还身兼一份艰巨工作的情况下，这事做起来殊为不易。许多"女儿母亲"似乎既希望争取事业上的成功，同时也想做成功的妈妈，或者，前者甚至不如后者来得重要。汉娜有两个不到5岁的孩子，是一位兼职教师，她辩称：

> 在托儿所……你知道，她们（其他妈妈）谈的都是托儿所、不同的小学能提供什么，等等。所以说，她们谈论当妈的方式让人觉得那好像是一份工作，以及你如何才能取得这份工作的成功，如何成为一个成功的妈妈。

鉴于许多研究认为兼职工作严重妨碍职业满意度和进步，我认为，"两全其美"之说可能会损害职场性别平等的发展。这就需要组织确定并为高阶职员提供真正灵活、同时对组织也可行的工作方式。鉴于年轻女性塑造职业愿望时怀有生育预期，在早期职业阶段，宣传不同的选择是有益的。我也主张个人挑战那种以工作时间和在家时间"平衡"衡量良好哺育的观点。

本章得出了三个要点：

——就未来如何在在职的情况下当妈妈，绝大多数没有孩子的女儿有自己的看法。这决定了她们与工作的关系。

——绝大多数女儿预计会（或者已经）兼职工作，以实现她们所认为的"两全其美"。

——对于绝大多数女儿来说，明知感到全职或者接近全职的女性给了她们很好的哺育，但这种感觉并未强大到足以抵挡当代文化的这一观念：做一个成功的母亲意味着做兼职工作。

第七章将深入探讨在职妈妈态度的代际差异，并探讨母亲和祖母辈对女儿辈兼顾工作与生育的观点发挥的影响。

| 第七章 |
各代人如何做在职母亲

❁ **本章主题**

  本研究结果证实了现有研究证据，即如果女儿目睹母亲母职与工作"一肩挑"，那么她也这样做的可能性更大。本章将更详细地考察，女儿做了母亲后，母亲和祖母如何影响她对工作时间的看法，或者，在"女儿母亲"的事例中，母亲和祖母如何影响她们对当前工作时间的看法。

参 加本研究的"祖母"通常比尚未有孩子的女儿妈妈们年长10岁。对于第一个孩子出生的时代，她们有不同的体验，这影响到她们口头传递给女儿的内容。而且，新一代的到来大大改变了母亲向女儿言说工作与母职兼顾的方式。因此，"女儿母亲"和祖母，与母亲和访谈时没有孩子的女儿，彼此之间的观点形成了鲜明对比。

文迪任她自己创办的 STEM 公司总裁，她的女儿薇洛在医院做初级医生，访谈时还没有孩子。文迪是她家的第一个大学生，因此，家人认为她"有点儿怪异"。她还提到，由于经济不独立，母亲遭到父亲"欺负"。她与母亲的经历"不一样"，加上怀孕时工作上经历了很大的困难，因此强化了她继续工作的内在动力："我已经开始了一份事业，我想继续做下去。这一点毋庸置疑。"拥有与家庭主妇妈妈不同的经历，作为一个客观事实，这样的动力意识既适用于母亲，也适用于祖母。

文迪告诉我，她告诉女儿"工作干得开心非常重要"。女儿选择当医生，她为此感到自豪，她们会讨论薇洛在工作中遇到的日常问题。文迪表示担心"她的史诗般的变化"如何影响薇洛的情绪和健康："我看到她推动自己。把自己推出舒适区是好事，但我认为你需要有意识地这么做。不是因为外在的压力，而是因为那是你想做的事情。"基于种种担忧，文迪已经和女儿谈过兼顾工作与母职的问题，即便薇洛还没有孩子。

我认为这对医生来说非常困难，因为她们经过了这么多年的训练……我觉得她称之为"中期"，因为她需要非常努力地工作，在医院环境下，兼职似乎不是一个选项。她说这不是一个选项……我有个朋友是全科医生，我知道她非常成功地兼顾了工作和孩子的照料。她有几天工作时间很长，得到了很好的报酬……我把她作为榜样介绍给了女儿。所以，是的，我们已经讨论过有哪些选项了。

文迪担心她的工作时间影响到女儿。这种担忧可以理解，在母亲辈中也很典型。她也借鉴专业人士朋友们（以及她作为雇主）的经验。这也是本研究中一个反复出现的主题。

薇洛是许多女儿的典型代表。她详细叙说她的想法，谈她如何协调事业与家庭生活，却没有提及与母亲的对话。薇洛就医疗行业的性别问题侃侃而谈，意味着她很难选择一个灵活性很小的专业。她有几重纠结：有做好工作的志向，又偏好那些倒班和长时间工作的医学专业，同时又有生孩子、陪伴孩子的愿望。薇洛说：

只有女人才会谈论这种事。我们以一种……（叹息）宿命论的方式谈这事，有点像"噢，如果想要孩子，我也可以当全科医生"，因为这个工作比较灵活。我老是想象30岁左右生孩子……但如果我在接下来的 5 年、6 年、7 年受训，这么疯狂的倒班……这事（生孩子）放在什么时候合适？我应该有一份我觉得有意思的事业，可以让我走自己的路，并且……（停顿）我想实现我的潜力；另一方面，我非常喜欢每周工作 3 天或者 4 天的想法，或者每天上午工作，下午休息。你知道，我想象着孩子们下午两三点钟放学回家时，我可以在家。

说这番话时，薇洛唯一一次提到父母，说他们剑拔弩张的离婚可能是她渴望"稳定"家庭生活的原因。

现在看看一位祖母和"女儿母亲"的叙述。索菲在教育机构全职从事营销工作，有一个不到 5 岁的孩子。索菲和她妈妈斯特拉都说她经常打电话向妈妈征求意见，寻求情感支持。索菲认为，作为一个经济独立的在职母亲，妈妈给她树立了一个积极的榜样，她也希望为女儿扮演同样的角色。她已经在想，考虑到工作的全球化，在另一种文化中生活对她女儿会多么有用。

索菲认为母亲向她传递了兼顾工作与母职的普遍价值观与可行性，现在则在情感上支持她面对生活压力。很多女儿都有这样的看法，索菲是其中的典型。斯特拉是一位退休学者，在孩子的成长过程中，大多数时候她都是一位独立撑持的母亲，她鼓励两个女儿努力工作，坚守一份职业，保持独立。

然而，她也担心让女儿索菲认为自己什么都该做，即便付出自己利益的代价："唯一的麻烦是，我认为她已经学到了我的这一方面，拼死拼活什么事都自己做。那太不幸了……她在工作上真的很拼命，没日没夜地做事。她真的跟我如出一辙。"她还强调了许多访谈都涉及的一个观点：她女儿这一代面临更大的"正确抚养"压力。

　　我认为现在的均衡与过去不一样了，因为每个人都上班，但现在每个人都有更大的压力……各方面都有太多的专家，你读所有的书，做各种正确的事情，但并不一定奏效。我认为这可能会导致无能感，或者觉得自己做得不对。我们只是多走了一些弯路，但还是跌跌撞撞地过来了。

斯特拉和索菲探讨了她的生活负担问题。"女儿母亲"中，唯有索菲工作时间超长，并且全职上班。这次访谈后不多久，她就辞职了。她雄心勃勃，仍然计划全职工作，但工作得允许她有更多的控制才行。斯特拉还指出了自身影响力的局限，因为她另一个有孩子的女儿并不上班。她们的叙述说明，母亲有影响力，但这只是图景的一个部分，在工作决策中，个人阅历、机构和具体情形也占有很大的比重。

❀ 历史时间、生平时间和代际时间

时间问题存在于在职母亲的许多方面，从做决策时的时代精神，到母亲体验哺育时间的方式，以及对于在家时间和工作时间的看法。本研究通过历史时间（historical time）和生平时间（biographical time）的相互作用来认识代际关系。历史时间揭示特定时间点各代人所处的文化位置，生平时间则关注家族链上各代人之间互动的小故事。这是一种社会心理学方法，强调大小历史间的相互关联。

这种分析代际关系的方式基于曼海姆以下论点：共同的社会地位意味着共享价值观和态度。价值观和态度并不是一成不变的，每一代都会影响下一代。正如纽曼（Newman）所说，代际意识是由其社会地位及"通过标记与之前一代人之间的差异"形成的。

对于帮助我们理解不同世代的人如何体验变化，以母亲和女儿为对象的研究具有特殊力量，因为"家庭表达了过去与现在的共存，过去不断被当代需求改写"。生平差异与相似价值观和态度的传递可以并存。

比耶鲁姆·尼尔森和鲁德伯格的理论提供了一个令人信服的观点，即价值观的延续如何在母亲和女儿之间进行代际传递，同时又包容社会和文化的变化。他们划分了性别认同（我是一个女人，因此我以一种特定的方式行事）和性别主体性（我是我，因此我以一种特定的方式行事）。身份的这两个方面都有意或无意地受到母亲的影响，也受到当时社会所提供的可能性的影响。

关于母亲对在职妈妈态度的传递，我研究的几代人之间有着鲜明的对比。母亲和祖母们致力于工作。有些人的母亲也工作很长的时间，但在有了孩子后，大多数母亲要么不再工作，要么兼职做非专业类非管理工作。正如第六章所报告的那样，我研究的女儿一代中，大多数人要么希望采取与母亲不同的路线，大幅缩短工作时间，要么已经处于这种状态。正如其他研究人员发现的那样，母女关系既包括认同，又包括背离。

这些不同反应可能是女儿的反叛行为，也可以更恰当地解释为女儿们漠视母亲兼顾工作与母职的方式。麦克罗比认为，后女性主义女青年往往感受不到性别不平等，期待被视为无性别的员工，顺理成章，她们可能会认为母亲的工作经验与她们无关。而且，在不同的时间，同一个孩子可能以不同的方式回应母亲的影响。女儿成为母亲后，会影响、重新表达或创造新的家庭叙事。这个时候，母亲和女儿会在无意之间，以及通过对话，重新评估双方的关系，比较各自的经验。

※ 母亲时间

有了孩子后，"女儿母亲"会重温与自己母亲的关系。斯通从社会心理学的角度很好地表达了这一观点，他说："母亲不仅是一个关系主体，而且是双重的主体：她生活在两套相互关联的关系之中。"

斯通解释说，一种内在动力促使新妈妈重现自身的过去，因为在婴儿时期，她们形成了"与母亲在一起"的方式。然而，斯通也承认，女儿们并不仅仅是重现母亲哺育她们的方式，因为正如巴雷泽所说，她不只是一个女儿。巴雷泽把母亲的主体性视为一种发生了根本改变或转变的状态，她们并不只是重复母亲的哺育方式。

与他人纠缠在一起的这个时期，以及陪伴小孩子那种令人筋疲力尽的特性，即巴雷泽根据自己的经验所描述的那种"绝望的日子"，也是就工作做出决定的时候。职业与随着时间推移的线性提拔相联系，巴雷泽的理论生动阐述了生育如何破坏这种发展。她认为，孩子的迫切要求不断干扰母亲的生活，可能会让母亲感到只是活在当下，而她对未来的担忧并非着眼于自己，而是着眼于孩子的未来。

❊工作与时间

女性为工作与家庭的时间分配问题殚精竭虑，这一点并不令人吃惊，因为大多数机构根据时间分配岗位和评估生产力。组织经常以工作时间长短来判断个人是否忠诚于工作。威廉姆斯创造了“理想员工”一词来形容组织的期望。

今天，高级职位上的人员用于工作的时间很长。从事专业工作的男性和女性每周平均工作 43.2 小时，高级管理人员每周平均工作 46.2 小时。而且，今天的在职母亲不得不在全球化的经济中争取工作机会，雇主因此期望员工适应全球各地的工作时间。技术发展也造成了工作时间、居家时间和单位上班时间三者之间的界限模糊，并使人们产生受到约束的感觉。

兼职工作的女性远远不能免却这些压力。德宾（Durbin）针对女性管理人员和高级专业人员的研究指出，组织重视工作时间，使女性同意根据合同工作时间，而不是实际工作时间或绩效计算报酬。在职场之外，在职母亲投入处理工作与家务琐事的时间多过其男性伴侣。单身母亲的负担显然更为沉重，因为没有伴侣与她们分担生活负担，也因为从事专业性和管理型工作的单身母亲，比有伴侣的母亲工作时间更长。

以几代女儿为对象的研究者声称，严重的时间紧迫感使在职母亲承受压力，精神和身体上都感到疲惫。《每日电讯报》的一篇文章引用政府"健康与安全执行委员会"（HSE）的数据指出，年龄35—44岁（这个阶段多数人都有小孩）的女性比同龄男性遭受职场压力的可能性高出67%。布莱尔—洛伊（Blair-Loy）和斯通有一项研究影响很大，区分了时间压力和职业路径变化所致的负面工作事件与家庭事件。

✳ 生育之前的女儿：母亲对女儿工作 / 家庭愿景的影响

第四章表明大部分母亲都鼓励女儿工作。少有母亲积极与女儿谈论工作与母职兼顾的话题。一种解释是，女儿没有孩子时，母亲预期自身的工作经历和女儿的工作经历之间会有连续性，所以很少考虑这个问题。现在的母亲也需要工作。

如我们在第二章讨论的那样，其他母亲也许是在回避会引发母亲内疚的谈话。有些人明确表示不想"插一脚"，感觉好像自己在给女儿施加压力，要她给自己生一个外孙。其他母亲认为，以未来打算生孩子的视角讨论女儿的职业选择，这样的做法不恰当，因为有许多未知的变数可能会产生影响，例如，随着时间的推移，女儿改变了自己的优先考虑顺序，或者没有生育能力。母亲瓦莱丽是一位高级营销经理，女儿已经工作几年了，她的话很好地体现了这些主题：

我可能不会建议围绕家庭的建立做职业选择，因为你永远不知道下一步会发生什么。有孩子的情况下，有些职业会让生活容易些，有些职业会让生活更艰难……我还认为，如果你选择的不是你真想做的事，例如，你真正想做的是外科医生，却选择当全科医生，那么那个想法终会在你心里挥之不去，让你感到没有成就感……你可能围绕生孩子做所有的决定，结果发现不能怀孕，那你的感觉肯定更糟糕。你不能永远压抑自己。

相比之下，许多女儿（例如第一章开头引用过的雷切尔）说母亲口头鼓励她们兼顾工作与母职。本科生杰西卡说：

> 我妈教我要有雄心抱负，要知道自己希望从工作和生活中得到什么，并且相信能够达成愿望。我想那给我鼓励，让我知道，想要从事任何职业，都可以如愿以偿，并且可以在做到这一点的同时，做一个成功的母亲。两样都要。

毫无疑问，对由在职母亲带大的经历怀积极感受的女儿们来说，这种性质的对话具有积极的影响。就像第二章所论述的那样，这项研究的一个贡献，是发现那些自视为女性主义者的母亲更有可能积极地与女儿谈论兼顾母职与工作的可能性和可行性。通常这些对话也涉及照顾家人方面，相比伴侣，女性承担了不成比例的工作量，"不让生活变得更难"。

母女交谈的内容往往适用于所有女性，因此是一个政治的女性主义声明，而不仅仅是私人观察。例如艺术总监赞茜和她的本科生女儿齐尼娅，她们母女都自称是女性主义者——母亲比女儿更热烈。齐尼娅说：

> 她绝对对我说过这话，"作为一个女人，你要小心，不要被迫做所有的育儿工作、清洁工作，"她这番话背后肯定有这样的推动力，"你既是为了你自己，但也是为了女人，"我觉得她对这种推动力的感受非常强烈，程度也许超过我和我的同龄人。

这些评论反映了母亲一代对自由女性主义这一目标的认同：鼓励获得最高工作职位的平等权，质疑家务主要应该由女性负责的假设。正如爱泼斯坦（Epstein）和克拉伯格（Kalleberg）、格尔森等学者所说，母亲一代认为这些问题还没有解决。相比之下，正如第六章所说，她们的女儿大多更坦然地接受照顾孩子是自己的任务这一想法。

另一个重要的因素是，同母亲相比，这一代母亲意识到，她们的职业预期和机会发生了重大的变化。她们经常反思是自己主动拒绝，还是不想要母亲那种以家庭为主的经历。在本研究的样本中，无论是工人阶级还是中产阶级，绝大多数人的母亲都以持家为主，或者是纯粹的家庭主妇。通过教育，工人阶级背景的母亲也可以得到她们的母亲不可能得到的工作。这种认识激发了许多人参加工作的动机。咨询公司的董事盖尔谈到她那"非凡、强大"的母亲。她母亲在童年时代过得很艰辛，因此有一种强烈的家庭责任感，这意味着家庭主妇的角色适合她。

然而，盖尔很感谢自己得到了一份职业，因为全职照顾孩子的生活不会让她感到满意，何况还涉及她不喜欢的各种家务。代际间的断裂（generational discontinuity）也导致一些人认为，自身的行为影响到社会对职业女性的看法，所以她们代表了她们这一代女性，而不仅仅是她们自己。这符合曼海姆对处于活跃状态的几代人（active generations）的描述。这种感觉的力量也许可以解释女儿和母亲之间的态度差异，许多女儿渴望兼顾母职与兼职工作。

一些母亲还讨论了兼顾母职与工作的具体策略，有些母亲吸取了在职的女性朋友的经验，或者因为她们的工作职责就是管理员工和协商产假。值得注意的是，一些表达灵活工作愿望的女儿有这样的妈妈：因为专业的理由，她们需要在当代背景下思考和讨论工作—生活平衡的问题。如雷切尔的母亲罗斯所说：

我不相信什么压缩工作时间。我认为这是减少工作、获得更多收入的借口……我们非常非常强调灵活工作方式。我们有各种养育子女的形式。这是一种协商，取决于什么可行，我们希望她们在这事的评价上比较灵活。我认为（我们的方式）运行得很好。

本科生杰西卡是一位企业主的女儿，她也谈到她妈妈以灵活的方式（长时间）工作："我认为我永远不会停止工作。我的意思是说，我没有认真想过，但我想做类似于我妈妈那样的工作……工作时间有弹性。"

有3个女儿不喜欢妈妈在她们小时候的工作时间，坦尼娅是其中之一。她是女儿模仿母亲职业选择的例证之一，她妈妈塔拉告诉她，她可以以更灵活的方式工作，而当时自己并不具备这样的可能性。坦尼娅发现，自己的工作时间超过第三章谈到的31位女儿中的另外两位，而且工作对自己的身份更为重要，那两位女儿希望以不同于她们童年时期经历的方式兼顾工作和母职。这两位女儿是兼职工作的亚丝明和压根儿不想工作的奥利维娅。

分析那些想做兼职工作，以及已经缩短工作时间的女儿的叙述，可看出她们的母亲对于母职和工作的兼顾表现出"理想主义"态度——无论这些母亲是否直接与女儿讨论兼顾工作与母职的话题。如伊莎贝儿，她母亲伊莫金到达了其事业的顶点，她反思了母亲对她说的话：

> 我看到妈妈真的很努力地工作，没时间和孩子在一起。她经常谈论工作、母职和她的感受，我认为她比我父亲怀有更多的内疚感。但是我想，如果爸爸和妈妈更加平等，她就不会觉得她去上班是件该死的事情。这可能就是为什么我们总是对她上班感到不满，因为她老说："爸爸做的事情很重要。我只是去上班。"她非常谦逊。

伊莎贝儿也说，她的母亲听到有人公开指出女性可以同时做个好员工和好母亲，感到非常高兴，"（妈妈和我）参加了大学的女性晚餐……（一位著名作者）谈到事业与母职时，妈妈哭了。我的感觉是，哦，不要啊！我认为这是因为（作者）这番话：'你可以是妈妈，同时也拥有一份你热爱的事业，并把二者都融入你的生活。'"

伊莎贝儿本人打算工作母职"一肩挑"，但她不想像母亲那样工作那么长的时间。有趣的是，在母亲持"务实"态度的情况下，女儿并没有对全职工作、弹性工作或兼职表现出特别的倾向。这可能是因为对于"做母亲"的方式，"务实"派母亲并没有明确的概念。

　　这些发现建立在摩恩和麦吉恩等人研究的基础之上，他们论证了对工作和性别角色的态度是代代传递的。本研究增加了一点：工作职位发挥了作用。对就业政策怀有专业兴趣，并有自主工作经验的母亲将这两方面的好处都传递给了女儿。

　　相比之下，有些母亲就工作与母职的兼顾向女儿传达了矛盾的态度——无论她们是否说了什么。然而，显然远非所有女儿都想模仿母亲兼顾工作和母职的方式。这与汤姆森等人的观察一致："女性有不同的反应。有些在职母亲的女儿热衷于再现母亲提供的模式，而另一些女性则采纳了全职带孩子的可能性"。

❋ "女儿母亲"：祖母对她们工作 / 家庭选择的影响

　　在女儿休产假及其后一段时间，祖母的影响最为显著。一些祖母和她们的女儿评论说，第三代到来后，她们彼此的关系变得更加亲密。"女儿母亲"显然正处于工作和家庭生活结合的时刻，并与母亲（祖母）讨论如何兼顾二者。这证实了一些新手母亲倾向于与自己的母亲重建联系的发现。

　　女儿宣布怀孕的时候，似乎正是这种代际交谈发生的时候。而且如上面所讨论的那样，母亲也因此从给女儿施加了压力的感觉中解脱出来。另一个重要的区别是祖母的代际情况。许多人都在从事教育工作，这意味着她们的工作时间更容易适应孩子。

1971 年，从事专业职位和管理职位的女性仅占女性劳动力人口的
12%。还有，相比年青一代的母亲，她们自己的工作经历更有可
能包括延长产假（通常是 3 年或更长时间）或者多样化的职业途
径——这在 20 世纪 70 年代早期很常见。因此，一些"女儿母亲"
缩短工作时间的决定接近于母亲的经验。这也反映了灵活的工作
安排越来越多的情况，吸引了一些"女儿母亲"。

女儿为生活负担苦苦挣扎时，祖母们提供了宝贵的实际支持
和情感支持。几位退休祖母定期每周照顾孙辈一两天，有几位还
在上班的祖母每次帮着照顾孙子几个星期。正如前面已经报告的，
教育心理学家凯利把家搬到母亲家附近，这样她妈妈可以为她充
当照顾孩子的主力。谢丽尔是一家国民医疗服务机构的负责人，
她形容女儿和孙子"拥有"她工作之外的时间。

略微多数的祖母主动同女儿谈起兼顾工作与母职的好处。她
们的观点得到自身经历的支持，另外，对于生子后妨碍她们认真
对待职业的社会态度，她们采取了自由女性主义的反抗，这也是
对其观点的支持。

有几位"女儿母亲"比较了自己与母亲的工作方式，由此证
明她们受到母亲方法的影响。葆拉是牙医，有 3 个孩子，她解
释说：

> 这是非常有条理的一天，所以我知道上午 8 点 30 分至下

午5点我会上班，晚上不必做什么事情……我的工作可能介于我妈妈的工作之间，她有更长的假期，学校假期期间她休息，但缺点是，晚上我们上床后，她还要工作。

祖母安妮塔在怀孕后不得不离开她的高级公务员职位，并延长了产假。然后她接受了再培训，成了一名老师，她非常不愿意离开这份工作。她指出，尽管她离开工作的时间比较长，但工作年限与丈夫完全一样。

我想向她们（她的两个女儿）显示，你可以同时做职业女性和母亲。我给她们树立了榜样，对她们来说我是一个很好的榜样，我从来没有掩饰过这样的事实……很难……她们怀孕后，表示要回去工作时，我们进行了讨论……为什么我不回去工作，以及不回去工作是什么感觉。

她的女儿艾米从母亲的示范中学到结合母职和压缩工作时间的方法——她喜欢这个方法。正如她所说："我不会为了更多的钱而减少与妈妈相处的时间。"

最直接的语言影响来自几位祖母。她们鼓励女儿大幅减少工作时间，不要效法她们的工作方式。她们之所以采取这个态度，是因为担心自己女儿的生活负担，希望女儿能够身心健康。她们往往是怀有"理想主义"态度的祖母，对自己在孩子小时候的工作安排感到内疚。这里记录的谈话呈现了一些母女各自处理工作和育儿困难的故事，以祖母哈丽特的建议结尾：外孙们的要求这么多，她建议女儿把工作放在次要地位。

> 哈丽特（母亲）："我认为汉娜非常焦心，孩子生病的时候……不要像我以前那样事情安排没个定准。我的意思是说，那样的话一切都会分崩离析的。"
>
> 汉娜（女儿）："这种事经常发生……我们互相倾诉各自的故事，对吗，妈妈……因为我总是抱怨，而她总是说：'对，那对我也很可怕！'我想她的建议一直是……做最少的工作，只要保住工作就够了。"
>
> 哈丽特（母亲）："是的，确实。勉强应付。在这种情况下，你不可能做一个完美主义者。"

访谈表明，做母亲后，"女儿母亲"决定工作的方式受到母亲的影响。女儿怀孕和分娩后的一段时间，母亲更多地介入女儿的生活。她们的影响力通过无意识示范及成为祖母后的口头建议传递。

然而，"女儿母亲"的叙述清楚表明，其他影响的力度更大。"女儿母亲"作为个人重新协商与雇主的关系，她们工作的社会和立法环境不同于母亲辈。她们的工作合同取决于雇主允许的条件，经济情况决定了选择和育儿安排。她们与伴侣的关系、伴侣承担养育责任的情况，以及她们与儿童保育员的关系塑造了她们更多的日常经验。

正如第六章所讨论的那样，在塑造女性哺育思想、围绕工作完成母职方面，母亲的同伴及当代文化固有的信念也有很大的影响。祖母们建议女儿减少工作，可以说她们的建议强化了"女儿母亲"觉得想做的事情。

❋ 当代母亲的得与失

祖母们回顾了她们个人的历史，以及在兼顾母职与工作方面，她们和女儿的不同经历。祖母们认为，在很多方面，现在做在职妈妈的时机更好，主要是享有更好的产假，更容易获得高标准的育儿服务，还有父亲态度的巨大改变——许多父亲都希望更多地参与子女的日常照料，正如贝儿的妈妈芭芭拉所说："呃，你爸和你丈夫的区别是相当惊人的，是吧？"

然而，祖母们在访谈中谈到，在有些方面，现在做在职母亲更为艰难。很多人谈到住房和育儿成本高昂，占据了女儿大部分收入。有几位祖母与自己的父母住得很近，父母可以帮着照看孩子，但由于地域流动性日益增加，她们的女儿很少能够享有这种选择。祖母们担心，保持家庭运行的惩罚性成本可能会迫使女儿放弃曾经投入和喜欢的事业。做老师的安妮塔说：

> 现在的育儿费高得可怕……我想很多人没法返回生孩子之前位高权重的工作岗位，因为她们承担不起育儿成本。我女儿住在伦敦，每个月她都会说"看银行存款余额，我发现为了上班，我把大量的钱花在孩子的照顾上，手中的钱所剩无几，但是我确实想做这个工作。我不想待在家"。

祖母们也表达了对"责任的强化"文化的两个主要担忧。首先，如芭芭拉所说，她们担心孩子占据母亲太多的注意力。芭芭拉最初在媒体工作，孩子上学之前，她做过一系列工作，一方面是为了更多地陪伴他们，一方面是因为她参与了丈夫的工作。她的女儿贝儿是全职妈妈，在家里运营互联网生意。芭芭拉说：

> 我觉得这很烦心。我一直既做母亲，同时也拥有自己的生活。这（拥有自己的生活）对我很重要，对孩子们也好。我认为我的两个女儿都是优秀的母亲，但她们太投入了。我不相信这对孩子好。孩子变得太重要了……这对于母亲来说不是一个舒适的状态，我不完全相信最终这对孩子是一个舒适的状态。

其次，几乎所有祖母都表达了这样的观点：相比她们作为家长的经历，女儿受到更多的公众监督，并且"专家"给了她们更多的建议。祖母们认为这可能并不健康，因为它鼓励竞争，使女儿和孙辈感到压力。本章开头引用的斯特拉和退休老师唐娜提供了范例。唐娜的观察既适用于她的女儿，也适用于她与父母打交道的专业经验：

> 我觉得现在的人面临更多的评判。过去……没有那么多评判，而现在女性出门上班，习惯于目标、期限之类的东西，然后……她们把这套东西拿来要求自己的孩子，紧接着就是"他们在这个层面、那个层面，"而且她们随时都在监督。

这些发现证实了汤姆森等人的研究结果。他们还发现，祖母一代认为女儿面对更多的要求，既要工作，又要做专家型家长。多位自己女儿并没有孩子的母亲也讨论了同样的主题。有几位母亲特别关注"母职专业化"之说——这个词出现在媒体上。任高级营销经理的瓦莱丽说："有守则，有手册，有（当妈的）正确方法。"媒体公司总裁塔拉说：

> 如果你是一个中产阶级妈妈，那么也许你感到做好这件

事的压力更大……不知道是不是因为社交媒体，现在生活方方面面的竞争都增多了……作为家长，让孩子进入正确的学校之类好像是你的工作一样。在我小时候，去附近的学校就行了。

❋ 结论

在其他研究成果的基础上，本研究表明，母亲一代成为祖母的时间，正好是她们最有可能向女儿口头传递工作与母职见解的时间。根据社会心理学家的研究，在她们的记忆中，这也是女儿有意识或无意识中最能接受母亲影响的时候。

女儿成为母亲后，有些母亲口头鼓励女儿继续努力工作。这可以由她们作为在职母亲的个人经历，以及自由女性主义认为工作对女性很重要的观点予以解释。很明显，就对工作时间的具体影响而言，母亲关心女儿的健康和幸福，担心女儿做得太多，对她们有负面影响。

这些母亲不鼓励女儿在孩子上学前努力工作，这与主流的社会态度及祖母辈的经历一致，有 6 位祖母从事教育工作，有很长的假期，其中有两位祖母休了几年产假。然而，还有其他许多因素影响"女儿母亲"生孩子后重返工作岗位的方式，包括伴侣的职业计划和收入、雇主的允许、"女儿母亲"的要求（受当代母职文化的影响）。可以说，对于女儿减少工作时间的决定，祖母的影响力更强，因为它的作用方式与受流行母职文化驱动的同伴影响异曲同工。

在女儿还不是母亲时，母亲和女儿之间围绕工作和母职管控的谈话要少些，因为母亲不想让女儿觉得自己在"施加压力"，迫使女儿生孩子。然而，由于这代人持续努力工作所获得的机会和满意度提高，她们围绕兼顾工作与母职的好处讨论之多，超过人们的想象，有些母亲更进一步，探讨具体实施的方法。这可以由她们作为雇主、高级管理人员的经验，或她们与专业人士朋友交谈中学到的东西，予以解释。

本章上承第六章，试图解释这一发现背后关键的代际差异：如果母亲在女儿童年时期工作时间相对较长，则女儿大多倾向于兼职工作。本研究中各代在职母亲的阅历中，一个关键差异是女儿代工作的时间压力更强大。这是由于日益全球化的市场、互联网及技术使工作渗透进了家庭生活。另一方面，在孩子小时候，母亲辈和祖母辈采取灵活的工作方式、减少工作时间的机会要少得多。

达马斯克（Damaske）和法郎士（French）最近在美国的研究追踪"婴儿潮一代"女性，了解她们的工作时间，发现其中60%（比例之高出乎意料）的人都走的传统上被认为与男性关联的全职工作路线。值得指出的是，在20世纪80年代和90年代，许多学者以与当前学术讨论相似的说法，讨论从事专业性和管理型工作的女性的成本问题：也就是说，由于各种关系的压力和生活负担，母亲们体会到工作—生活冲突，以及社会认为母亲应对孩子负有主要责任的期待，会让母亲感受到因投入工作时间长而遭到其他母亲和整个社会的负面评价。

此外，1998 年实施"国家儿童保育战略"之前，英国政府并没有把儿童保育纳入管理范围。因此，儿童保育的专业性往往更差，属于临时性安排，因此也更加难以预测，（给母亲的）压力更大。在时间管理和"情绪管理"方面，兼顾母职与工作投入一直是一个挑战。可以说，各代人面临着不同的挑战，但它们具有非常相似的含义和后果。

自 20 世纪 70 年代后期以来，文化对母职的期望发生了根本性的变化，当时，本研究中的第一批母亲已经有孩子了。一个关键的变化是，养育从私人领域转入了公共领域。第二个相关的变化是向父母决定论和"责任的强化"的转变。

这些变化包括政府政策的干预和"专家"对养育和儿童保育的介入。20 世纪 90 年代的工党政府将儿童视为国家的社会资产，由此导致了过多的政策干预，包括对养育建议和技能的推崇。其他还包括公众越来越多地监督一个人"应该"如何当妈妈，这股潮流是媒体，特别是互联网推动的。

正如第六章所述，现在，养育方式被视为决定孩子人生机会的重要因素。中产阶级母亲越来越多地监督孩子，以帮助孩子规避"风险"，培养他们为获得人生成功所需的软硬技能。这些社会转变对女儿、"女儿母亲"一代，以及她们对工作时间的看法，都非常重要。"做"父母的方式代表了当代关于母职的讨论，显然需要大量的时间投入。

上述种种因素使当代母亲觉得，在她们的注意力被导向当前风气的时候，如果不大幅减少工作时间，她们既会在社会上感到不自在，风险也很大。这表明，当代母职文化是解释这些女性代际转变的主要因素：她们从事专业性和管理型工作，以所花时间的多寡作为好母亲的衡量标准，并渴望通过兼职实现"两全其美"。

本章得出三个要点：

——大部分母亲和祖母都表示，女儿做了母亲后，应该继续工作。这受到自由女性主义观点的影响，也与她们作为开创了在职母亲先河一代的地位有关。最有力的证据是，女儿怀孕后，母亲口头建议女儿兼顾母职和工作。然而，预见到女儿会做母亲，在当今职场的自由女性主义观念和专业经验的促动下，母女围绕努力工作和工作时间问题进行交谈。

——母亲和祖母最明确直接的建议是对女儿遇到困难的回应，并强化了她们减少工作的想法。然而，对工作时间的代际差异、工作—生活冲突的来源和母职文化的考察表明，母职文化的变化是决定工作态度最强大的因素。

第八章将考察各代伴侣和父亲以最小化"工作—生活冲突"的方式，在促进职业忠诚方面发挥的作用。

| 第八章 |
养育中的伴侣

❀ **本章主题**
....

本章将揭示，在兼顾工作与母职方面，母亲的感受
是积极还是消极，伴侣的影响至关重要。本章还将探讨
代际之间在愿望上的差异，以及协商分担养育职责的不
同经验所致的继承、断裂和矛盾。

贝丝在媒体工作几年了，即将与男友完婚。男友的工作时间比她少几个小时。她形容他们处理家务的方式"无情地平等"。她描述了她的向往，以及未来兼顾工作与母职的愿望。她的话生动地体现了职业女性在这个问题上的复杂情绪。这种复杂性来源于持续的社会性别规范与时代变化之间的冲突，比耶鲁姆·尼尔森和鲁德伯格称之为"性别主观性"。

贝丝说："我不明白受过教育的女人怎么可能没有事业心，因为从本质上来说，这就是你人生大部分时间所做的事情……我为工作付出了很多努力，我不想让这一切付诸东流。"

然而，她还说，即使她的伴侣表示很乐意做主要照顾者，而且他的工作比她的更适合兼职，"他说他非常乐意做家庭主夫，我对此很感兴趣……但我觉得他那是在偷走我的角色"。

贝丝承认这是一个矛盾，但她强烈觉得希望做主要照顾者。贝丝比较了她父母的传统式安排，她母亲肩负了所有的家务负担，她拒绝父母在家务劳动上的不平等，但还是希望复制母亲充当主要家长的模式。她的母亲布里奇特与丈夫从事同样的工作，在孩子们十几岁之前，她的工作时间比丈夫少几个小时。

尽管如此，在孩子们童年时期，靠着托儿服务，她得以每周工作4天，每天工作时间都很长。她有时觉得不公平，认为自己承担了太多的生活负担，但从不怀疑自己是主要照顾者。布里奇特说，她的方法是从妈妈那儿学来的，"她把促进父亲的工作作为自己的职责"。

相比之下，律师克里斯蒂娜（母亲辈的另一位成员）一直是主要的养家人，但把家搬到了丈夫工作单位附近。这意味着她得跑通勤，因此，她丈夫就承担了大部分日常养育和烹饪任务，其他家务事则通通外包了。克里斯蒂娜对于做在职母亲抱有"务实的"态度，她不会对上班感到一种普遍的内疚感，也不觉得她的事业对女儿产生了负面影响。

本章的一个关键主题是：对于促进这种态度，参与养育和家务的父亲有多重要。然而，克里斯蒂娜说，她和丈夫分担责任的方式是以彼此的关系为代价的，"这对你们的关系不是很好，因为你们往往不交谈。回过头来看，这么疲惫、忙碌时，你会陷入困境，你们彼此失去了联系和了解"。

她还说，因为跑通勤，她必须在管理工作和家庭生活方面做到极致，多年来，感到不胜疲惫。这说明双职夫妻在协商或管理工作和家庭生活时，可能遇到一些困难。

克里斯蒂娜的女儿克洛伊是一位学者，她觉得自己会遵循父母的模式，渴望平等的养育方式，她甚至想象与伴侣各休 50% 的产假。她说："我认为父母有很强的团队合作意识，他们以不同的方式使用不同的能力……如果一个家长工作时间长，在家时间少，那么有另一个家长在家就显得很重要。"

成长过程中，克洛伊很高兴待在家里的人是她父亲，她也觉得母亲只要在场，就表现得尽职尽责。她没有谈到父母的安排有其代价，因为她并没体会到父母养育她的方式有什么问题。这证实了第二章谈到的观点：母亲独自承受了所有的伤痛，这样孩子们就可以免于难过了。

❋ 协商共同养育

父母之间的责任管理是实际考虑和情感思量的复杂组合，正如汤姆森等人指出的那样："在当代母职政治中，通过家务劳动和育儿责任分担、委托与托付体现的微观政治是一个重要的道德领域"。

霍克希尔德对"第二次转变"的研究（其定义是：有偿劳动之外的额外家务）基于 20 世纪 80 年代对加州 50 对夫妻的访谈和观察。这正是本研究中的许多母亲辈女性生孩子的时间。霍克希尔德发现，"第二次转变"的后果大部分由职业女性承担，这对她们情绪状态的影响基于她们的"性别策略"，也就是说，她们选择如何观察和管理自身的角色，以及她们的策略与伴侣的策略相吻合的程度——伴侣观点的改变通常赶不上传统男性养家者和女性照顾者模式的变化。

霍克希尔德认为，在面临两份严格职业要求的高层中产阶级家庭里，妥协和随之而来的压力最为明显。遗憾的是，那些有平等愿望但减少工作的女性，那些因为这些相互竞争的要求而经历婚姻冲突的女性，往往"忍耐而不是解决分歧"。"情绪管理"需要同时维持婚姻和谐与女性性别身份，从这个角度讲，它是有代价的。霍克希尔德接着指出，"无论各人对男女角色有什么看法，共同承担第二次转变的后果对婚姻有改善作用"。

自霍克希尔德的研究以来，情况已经改观了，现在的家庭有更加平等的趋势。1975—1997 年，父亲照顾婴儿的时间增加了 7 倍，从工作日的 15 分钟增加到了 2 个小时。伊拉兰塔（Eräranta）和莫伊桑德（Moisander）创造了"参与型父亲"（involved fathers）一词，形容希望花更多时间陪伴孩子的父亲。埃里森（Ellison）采访中的近半成父亲希望减少工作时间，有更多时间陪孩子。德莫特（Dermott）和米勒整理了各国学者对父职的研究，有关证据表明，"话语、实践和政策方面发生了不可逆转的变化，有进一步变革的持续动力"。其实，他们的整理显示，许多父亲希望更多地参与子女的养育，政策制定者做出种种努力来体现这种变化，反映了社会对男子气概认识的改变。

然而，以对 17 位新晋父亲的纵向访谈为基础，米勒对这些发现提出了质疑。许多父亲表示，在孩子出生前，他们决心做参与型父亲，但米勒发现，孩子出生一年后，这些父亲的意图往往并没有转化为实践。绝大多数人"退回"正常的性别角色（gender normative roles），继续把事业和养家糊口的角色放在优先地位。米勒把这归因于男性通常优越的挣钱能力和灵活工作机会的欠缺。在英国，灵活工作的权利仅在 2014 年才惠及所有员工，2015 年才实行共享育儿假政策。共享育儿假让父母有权分割法定父母工资和育儿假。

研究显示，自推行这些措施以来，男性一直迟迟不利用这个机会，原因可能是感觉得不到雇主或同事的支持。福西特协会（Fawcett Society）对 2000 多名 18 岁以下儿童的父亲进行了调查，发现男性最常见的休假时间为 6—11 天（43%），另有 18% 的人休假时间不到 5 天。但是，只有 35% 的在职父亲觉得得不到单位的支持，这表明，同伴和合作伙伴也可能强化了传统的性别行为。

分配家务的任务往往也落在母亲头上。柯兹（Kodz）使用英国家庭调查数据显示，长时间工作的女性中，只有不到 20% 的人表示，调查涉及的清洁、洗衣、熨烫衣物和购买杂货 4 项家务中，她们的伴侣主要负责其中一项。雅各布斯和格尔森开创性的研究比较了来自美国和欧洲的数据，结果显示，尽管男性照顾孩子和做家务的时间在增加，但在照顾孩子，或者安排孩子的照顾和家务琐事方面，女性承担的责任仍然远远超过其男性伴侣。英国国家统计局（ONS）2016 年的研究发现，在烹饪、儿童保育和清洁方面，女性做无偿工作的数量是男性的两倍多。

克朗普顿认为，抚育任务分担所致的不满情绪与工作—生活冲突有关。克朗普顿以这个发现支持她的观点：挪威父母感到的工作—生活冲突水平最低，他们往往分担儿童保育和家务。克朗普顿总结道："让男人更像女人，也就是说，常规从事关怀和市场劳动的个人，是双薪社会的男女真正实现工作—家庭生活'平衡'的必要条件。"

最后，霍克希尔德等认为，"抵制第二次转变带来的情感和社会工作，这一性别策略深入男性主导的职场的机理"，他的评论似乎仍能引起共鸣。很少有人提出男性管理人员如何平衡工作与家庭生活的问题。然而，常有人对在职母亲提出这个问题。此处隐含这样的文化脚本：确保孩子得到很好的照顾是母亲的义务，而不是父亲的责任。

※ 伴侣分担养育责任

为了揭示本研究中的母亲如何看待其伴侣扮演的角色，不妨借用霍克希尔德把父亲分为"传统""过渡""平等"三种类型的做法。"传统型"父亲把照顾孩子的责任丢给母亲，"平等型"父亲分担养育责任，"过渡型"父亲介于两者之间。本研究样本中，有13位母亲没有与女儿的父亲共同生活，其中大多数人声称父亲介入了女儿的生活，有一位母亲与前夫平等分担照顾孩子的责任。只有3个女儿与父亲没有积极的关系，这里将这些父亲标注为"缺位"的伴侣（见表8-1）。

表 8-1   伴侣是哪种类型的父亲

	传统型	过渡型	平等型	缺位型
母亲（n = 30）	11	7	9	3
"女儿母亲"（n = 9）	4	2	3	

一些离婚人士称，当前的伴侣提供一些家务支持，这里没有记录这种情况。有两位离异母亲现在处于同性关系中，但与这里所用的分类没有任何关系，因为在这两个案例中，所研究的女儿都是母亲与前夫所生，而这两个女儿与父亲之间还有着密切的联系。表 8-1 是母亲和女儿的描述所呈现的父亲的特征。

现有的一系列养育策略支持克朗普顿和汤姆森等人的观点：母亲是否致力于工作与传统性别关系之间并没有必然的联系。我们根据母亲和女儿就母亲上班的积极和消极影响所做的评论，用 NVivo 定性分析软件绘制了父亲的类型图。考虑到没有采访伴侣——父亲，为了使记录尽可能健全，我们对母亲和女儿的评论做了综合处理。对于母亲和"女儿母亲"两代人来说，母亲对自己的工作—生活选择感到高兴，与其伴侣平等养育子女的经验显著相关，而那些不那么幸福的母亲，其伴侣在养育模式上都属于传统型或过渡型。

先看本研究中的母亲一代，传统的父亲模式占主导地位。对此，样本中 20 世纪 70 年代开始工作的那些祖母只能提供部分解释。那时，女性任职岗位的工作时间普遍比伴侣少，工作时间更可预测。这意味着"第二次转变"产生的育儿和家务劳动大部分落在母亲身上。有"传统型"伴侣的祖母和母亲说，她们的伴侣认为照顾孩子是而且也应该是母亲的主要责任。祖母、老师安妮塔很好地阐述了这一点，她说："他不是家庭意识很强的人。"在采访之前完成的在线问卷中，对于"只有在工作适合家庭生活的情况下，她们的伴侣才会乐意她们上班"这个说法，只有14%的母亲辈予以了否认。教师、外祖母卡伦揭示了这话的含义，她说她的伴侣"原则上非常支持我的工作，但对家里的任何事情都不主动，也不负责。"这种"传统"态度增加了"情绪管理"的困难，这些困难涉及母亲对她们承担照顾责任的各种感受，以及伴侣的观点和行为与她们自身期望的吻合程度。霍克希尔德等把这称为母亲的"性别策略"。许多伴侣认为家庭生活应该由妻子规划，无须事先通知妻子，下班后就可以出门对他们而言好像是理所当然的事，母亲们声称这些设定让她们感到气恼。有时候，这可能对夫妻关系造成严重影响，正如离异母亲、市场总监艾莉森所说："我们都不理解对方的观点。那段时间不是很愉快。"

对持"传统"态度的伴侣，"女儿母亲"的评价与母亲辈非常相似。母亲对工作—生活平衡情况的不满与传统养育方式有关，就像汉娜所说的，她丈夫效法其父不承担家庭责任的传统做法，并表示如果有条件，宁愿妻子别再上班。汉娜怨愤丈夫对自己的帮助很少，即便她一周要工作3天："他没有意识到可能出现的问题，他不想想，'哦，看来每个人都有情绪，我来做个晚饭吧。'"她提到了双方关系中的"冷战"。其他女性对抱有"传统"态度的丈夫也很不满，她们形容自己"恨意滋生""觉得困顿、疲惫"。

"过渡型"养育分为两大类型。有些母亲说，她们坚持由自己承担对孩子的责任，这种态度妨碍伴侣更多地参与，本章开始时谈到的贝丝和医生夏娃都属于这种情况："他是一个非常投入的父亲……我想我可以给他更多的权力，如果不是我说'好，放下吧，我来'，那他做的事会多得多。"

许多人说伴侣热情支持她们工作，但也指出，彼此几乎每天都要就谁负责什么家务发生争论，而这给人很大的压力。母亲们常说，在实际事务方面，伴侣提供了很多帮助，但操心和计划是她们的职责范围，在公共部门任主任的赞茜说："他做了很多日常家务。""女儿母亲"莉莉指出，她的伴侣实际上提供了很多帮助，但她所重视的"情感工作"都是她在做，这包括关注孩子的朋友圈和幸福。而这是她做兼职工作的一个关键原因。

其他几个人也认为，虽然伴侣承担了许多实际任务，但是除非特别协商，否则照顾孩子就是她们的事。总的来说，在这个样本中，"过渡型"父亲提供了大量的支持，促进了夫妻双薪工作和子女照顾的管理。然而，从需要协商的程度和关系的情感成本可以看出：女性是主要家长和家务承担者这一文化观念根深蒂固。

相比之下，这个样本中有 12 份"平等的"关系，在有些家庭中，对"第二次转变"，父亲比母亲承担更多，如律师克里斯蒂娜所说："公平地说，在采购和烹饪方面，他每件事都做得相当出色……我们的关系真的给我很多支持。"在另一些关系中，照顾孩子的事情根据伴侣双方在家时间的多少和以发挥个人优势的方式进行分担。

> 他总是可以相当及时地完成任务，所以我去办公室上班的那 3 天，主要由他接送孩子。那几天，我的工作时间更长。（我珍惜他）分担的意愿和热情……我们绝对希望共同承担。（简，私营企业总裁）
>
> 我们家人开玩笑说，我决策，他执行。他远比我善于跟孩子们玩儿。（玛莎，公共部门首席执行官）

平等养育策略包括采用"双打"的办法，但由母亲主导。有时候（但并非总是这样），这意味着夫妇二人各行其是，据报道，这对二人的亲密度有负面影响。此外，虽然有报道谈到轮流把各自的职业放在优先位置的做法，但几乎没有案例证明现实中存在这种情况。另一方面，在某些情况下，由于伴侣雇主的态度，"女儿母亲"的"过渡型"伴侣在态度上表现得很平等，但实际行动则不然。艾米是两个女儿的母亲，她说：

> 他还不错，让他星期一工作时间长些，星期三工作时间
> 短些，这样他每周有一天可以接孩子，但是，他需要休息，
> 而他们人手不够时，他们提出过这样的问题："为什么你妻子
> 不能做这个事？"

加特莱尔等人的研究也认为：由雇主设置、不利于父亲参与养育的障碍的确存在。同一研究还强调，与父亲的看法相反，母亲也难以获得灵活的工作安排。值得注意的是，相比米勒所谓"退回到性别的窠臼"这一观点，本研究显示了更多平等养育的案例。我认为，社会态度的改变很可能转化为行为的改变，对于这里研究的家庭类型而言，情况尤其如此。这些家庭的父母双方都重视工作，既认同他们的职业角色，也认同家长角色。

平等养育有一个明显的好处，即谈到与伴侣或子女的关系时，母亲感到的损失或压力要小得多。这个结论建立在汤姆森等人的观点之上。他们认为，在分析家务劳动时，需要考虑共同养育子女这一做法的情感意义。有相关的观点认为，"务实"派母亲往往得到伴侣更多的支持，她们和伴侣实践平等养育，对于自己的职业给子女造成的影响，也往往较少有普遍的顾虑，本研究佐证了这种联系。

父亲做全职家长、母亲工作的案例，本研究中只有一例。矛盾的是，这个案例中的女儿认为这种做法"不自然"。本研究中的有些女儿感到母亲的事业对自己产生负面影响，这位女儿是其中之一。

总的来说，大多数母亲和"女儿母亲"声称托儿安排几乎完全由她们组织实施。此外，网上调查问卷询问母亲对于"女性被迫做太多"这一说法的认可程度时，84%的母亲和"女儿母亲"表示赞同，或者强烈赞同。其他研究中，关于投入子女照顾和家务的精力，男性和女性的叙述存在差异。一项针对2000多名与伴侣共同生活的家长的调查，其中31%的父亲说他们分担照顾孩子的主要责任，而只有14%的母亲承认夫妻共同分担责任。

本研究中的大多数夫妇在子女出生之前就已经奠定了职业基础，标准的父母角色性别差异显而易见，几乎所有母亲都调整了自己的工作，围绕做母亲的职责采取了更灵活或上班时间更可预测的工作方式。

事实上，一些母亲觉得孩子似乎也认为父亲的事业更重要，她们为此感到愤怒。文迪是自家STEM公司的负责人，女儿致电要她为学校做些事："我说：'为什么不找你爸？'她说：'他在上班，'我说'我也在上班啊。'不知道薇洛怎么会认为我的工作不是真正的工作。"

在网上问卷调查中，问及在孩子学龄前、小学和中学阶段，主要的养家者是母亲还是父亲时，女儿们显然存在低估母亲的工作对于家庭的重要性的倾向。我比较了母亲和女儿对这个问题的回答，并从这个分析中去掉了 5 个长期单身的母亲，结果表明，关于母亲的贡献认知，女儿们回答正确的情况只占 40%。女儿们自身强烈需要平等的伴侣关系，因此这个数字更加引人注目。

✳ 女儿一代：对伴侣的期望

没有孩子的女儿中，近 80% 的人期望与伴侣（不管她们的父母是否分担责任）共同承担养育责任。尽管如此，许多女儿仍然愿意兼职，因为，尽管她们想让伴侣充分参与，但感情上还是希望由自己扮演主要家长的角色。本章开头谈到对贝丝的采访，她的话就阐明了这一点。访谈之前完成的在线问卷询问她们是否高兴自己承担了照料孩子 / 孩子们的主责，或者将来是否乐意承担照料孩子 / 孩子们的主责。答案如图 8-2 所示。

与母亲一代相比，更多数女儿不认为照顾孩子主要是她们的责任。相反，几乎所有的祖母都认为或强烈认为，她们很高兴担当照顾孩子的主角。这些差异反映了社会态度的不断变化。

有些女儿处于关系当中，她们的伴侣对家务负有同等责任，其他女儿也坚称不会容忍不平等的关系。这符合奥布赖恩（O'Brien）、法辛格（Fassinger）和沃克丁等研究者的发现：受过

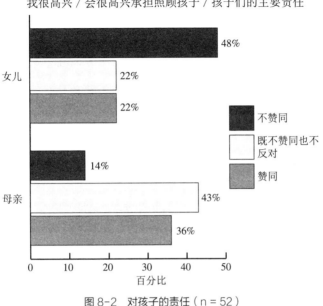

我很高兴 / 会很高兴承担照顾孩子 / 孩子们的主要责任

图 8-2　对孩子的责任（n = 52）

良好教育的中产阶级女孩高度强调自主权。尽管有 5 个女儿表示不介意承担照顾孩子的主责，但也明确表示希望得到伴侣的大力帮助。本章开头引述的贝丝的话说明了这一点。接受采访时，在职、单身的厄秀拉也表达了这种相当矛盾的态度：

希望伴侣积极参与孩子的抚养吗？是啊。我肯定喜欢平等的关系……但希望由我管清洁……我希望做主要照顾者……即便他是更好的家长。如果完全平等的话，我还是希望在照顾他们、让他们的生活更好方面，自己比别人略胜

233

一筹。

这是一个重要的发现，因为，女性一方面在争取更平等的养育分工，另一方面又希望由自己充当主要角色。这表现出在照顾孩子的态度方面持久的性别化取向，对父亲似乎多少有些不公平。

有些女儿观察到父母以平等的方式共同努力，但就责任的分担，她们考虑得更加细致。本科生杰西卡谈到发挥每个家长的长处：

> 在积极主动、亲手育儿方面，我肯定会寻求支持。我绝不希望伴侣把育儿责任完全推给我。我希望拥有一份双方平等承担这些事情的伴侣关系。就像我父母那样，你多少得发挥点儿自己的长处。如果一个人更善于做某件事，那这件事就该他做。

另一方面，有几个女儿说，在孩子小时候，她们愿意搁置事业，正如金融行业的菲奥娜所说："只要别把这看成是我的人生角色、该我负责，我就不介意（放弃工作）。这是我的选择。"菲奥娜还说，如果真的放弃工作，她打算以后重返职场。

需要记住的是，这些评论表达了本研究中（还）没有孩子的

22 位女儿的愿望。如果 / 一旦有了孩子，她们不一定会坚持以前的态度。然而，其他研究认为，她们对平等关系的强烈要求可能会促进父亲角色的转变，促使他们积极参与子女抚养。巴克斯特（Baxter）和斯马特（Smart）发现，母亲的工作时间越长，父亲的参与度越高。鉴于本研究中几乎所有女儿都（或者打算）从事专业性和管理型工作，这一点尤为有趣。

也有人认为，这一代女儿的平等愿望可能会受挫。伊利（Ely）等人针对哈佛男女 MBA 学生进行的研究发现，26—31 岁的女性中，42% 的人预期有了孩子后，自己将承担主要责任。引人注目的是，同年龄组中，66% 的男性希望伴侣承担主要责任。

这种错位表明，许多怀有共同养育子女愿望的女性可能会失望。伊利等人的研究也探讨了男女在工作满意度和职业成就水平方面的不平等问题。他们发现，尽管个人抱负和离职照顾孩子都是影响因素，但关键在于夫妻分配工作和家庭责任的方式。传统分工占了上风，女性承担主要育儿责任，并且大多数情况下，她们自己也在上班。

持有平等期许的女性往往会希望破灭，这种沮丧似乎导致她们对职业发展的满意度较低，而憧憬充当主要照顾者的女性对职业发展的满意度较高。反过来说，很多女性持有的矛盾观点给伴侣传达了混杂的信息。

❋ 结论

用蒂娜·米勒（Tina Miller）的话说，"大多数情况下，孩子还是留给了妈妈抱"。许多研究表明，在孩子婴儿阶段之后很长一段时间，承担主要家长角色会影响事业发展，也影响职业女性对兼顾工作与家庭生活方式的感受。

本研究也表明，大多数母亲承担了一半以上的家庭责任。这种情况在几代人中持续存在，这也是为什么半数以上的女儿已采用或拟采用男性养家糊口、女性兼职的模式。她们认为这是一种"两全其美"的方式。

同时，与母亲相比，这些有职业的女儿大多数更加强烈地不希望承担对孩子的主要责任，考虑到这一点，"两全其美"话语的力量更为令人讶异。女儿们低估了母亲的工作之于家庭的重要性，这个事实可能有助于解释这一点，当然也彰显了传统以男性为主要经济支柱、女性为主要照顾者的性别化联想的力量。而且，正如本研究和其他许多研究所证明的那样，共同养育设想涉及的动机和经验在实践与情感上都很复杂，充满矛盾。

本研究 25 个有伴侣的母亲中，大约一半人（12 个）展示了保持多年且适应良好的平等关系。对于自身兼顾工作与母职的经历，如果伴侣愿意并能够采取"平均主义"方式照顾子女，则母亲抱有更积极的感受。这些发现进一步证明了其他人的观点，即组织机构和政策应该支持那些希望与孩子关系更亲密的父亲，以此促进和转变社会态度。如果母亲希望伴侣在子女养育中承担平等责任，那就应该考虑如何创造空间，让伴侣有更多的参与机会。

回到霍克希尔德的"情绪管理"概念上，有证据表明，由于感觉家务劳动分配不公平，大多数关系中逐渐滋生了负面情绪，即便有些伴侣持有更为平等的态度，情况也是如此。这些负面情绪往往潜滋暗长，而并不被宣之于口。摩根认为家庭是变动而有适应性的。我借鉴他对家庭的理解，指出父母双方的需求和愿望不但随着时间的推移而变化，且取决于特定时期家庭生活负担的大小，但是，这样的探讨很少见：夫妻从彼此对工作和家庭生活希望的角度，重新讨论各自需求的满足情况。相反，讨论的焦点在于谁每天做了什么。因此，我建议伴侣双方在养育子女时，定期检讨他们的策略对彼此的影响。

本章得出了三个要点：

——如果夫妻平等分担养育责任，则母亲往往对工作和家庭生活的处理怀有更为积极的感受。各代母亲概莫如此。

——矛盾显而易见，在网上问卷调查中，80％没有孩子的女儿表示，预期或希望采取平等方式养育子女，然而在访谈中，对态度进行深入探讨时，50％的人表示准备采用流行的男性全职、女性兼职模式。

——22％的女儿希望做主要家长——即便很多人希望得到伴侣的大力支持。这向父亲传递了混杂的信息，表明夫妻需要分析、讨论他们的动机。

第九章总结本研究的结论，并提出了本研究对于组织、公共政策和家庭的意义。

| 第九章 |
母职与工作兼顾的实施

✳ 各代女性与职场性别平等

过去 10 来年间，女性进入高层领导职位的进展处于停滞状态。学者们普遍认为，工作和养育的价值观以代际传递的方式进行，见识其他女性事业兴旺发达对女性有激励效果，令她们相信自己可以问鼎高级职位。

那么，谁能比事业成功、身兼母职的亲妈更适合作为榜样呢？本研究就是立足于这一构想，探索事业成功的母亲在多大程度上引导女儿意欲追随其脚步。

这个问题衍生出另一个问题：母亲致力于事业的情况下，女儿觉得自己是受益还是受损？之所以提出这个问题，部分原因在于女性感受到母亲角色和工作者角色之间的紧张，部分原因是本研究中的母亲一代一直全职工作，或者接近全职工作，因为在千禧年之前，担任职业角色的雇员基本没有机会兼职，也不可能采取灵活的工作方式。

本研究采纳代际视角（generational perspective），将母亲和女儿对彼此关系的叙述，与女性职场机会扩大的社会变化，进行了交叉考察。参与研究的 61 名女儿和母亲揭示了兼顾家庭生活与职业的满意感、责任感及挑战在各代人之间的延续和变化情况。

因此，在本章中，我将向家庭中的个人提出建议。然而，如果得不到阿克尔（Acker）所说的组织中"性别化亚结构"变化的支持，没有育儿假方面的政策变化、儿童保育服务，以及处理性别收入差的象征利益与物质利益支撑、促进，那么个人策略就会缺少韧性。因此，我也会提出注重结构性、系统性变化的建议。

❋ 关键发现

——对于母亲长时间从事令其满意的工作，几乎所有成年女儿都怀有积极感受。

——尽管觉得得到母亲很好的养育，大多数女儿在成为母亲后都大幅削减了工作时间，或者准备这样做，女儿们形容这是"两全其美"。

——这不是对母亲全职工作的一种反应。

——强大的文化脚本强调女性对孩子发展和幸福负有个人责任，这种责任超过了许多女儿对事业成功的渴望。许多人感到进退两难，不知道如何在继续承担一份高要求工作的同时，扮演好母亲的角色。

——在女儿职业的早期阶段，母亲一直是对女儿影响最大的人。

——对于表达抱负，或者把获得有权力的职位视为理想和可能的结果，母亲和女儿似乎都小心翼翼——尽管有些母亲已经到达事业的巅峰。在这方面，直接表达抱负的女儿们更多受到了父亲的鼓励。

❋ 主要调查结果

受到母亲精心养育的女儿

几乎所有接受采访的女儿都觉得得到母亲的精心养育，这表明，良好（足够）的哺育，与（母亲）长时间外出工作，二者并不矛盾。包括本研究在内，最近很多研究对于这样的观点提出了令人信服的挑战，即母亲的上班时间长对孩子有负面影响。另外，这些在职母亲很少在其他方面体现出工作有压力，或者有负面作用，因为几乎所有在职母亲大部分时候都享受工作，并从中获得满足。

同时，母亲们竭力忍受各种不可避免的日常压力，很多母亲几乎没有时间参加社交活动或者发展其他兴趣，有些人没有时间陪伴伴侣或建立新的浪漫关系。还有许多母亲因为上班而怀有一种普遍的内疚感。然而，对于管理母职与工作兼顾的感受，其他许多人采取了更"务实的"态度，她们的叙述也证实了莱尼和巴塔耶（Bataille）的研究结果。他们的研究针对女性的养育者与工作者身份——许多关于工作—生活的学术研究把它们视为彼此冲突的两种身份提出了质疑。巴塔耶的研究与我的发现关系特别紧密，她采取心理学方法，通过女性生命历程中的各种转变，将自我意识建构作为一种叙述路径。

她认为，身为母亲的专业人士觉得自己有一个整合的身份，而她们对各种角色优先顺序的考虑会随着情况的变化而变化。我认为，一个在职母亲不觉得自我意识面临威胁时，对于各种事情对时间的争夺，会有更积极的（或至少较少负面）感受。而母亲的"务实"态度，与升迁到有影响力的职位之间存在关联。对于许多人来说，这种态度得到采取平等养育方式的伴侣支持，有些人则得益于可以灵活工作或自主工作的能力。

女儿们表示在几个方面受益于母亲的工作：让她们接触到有趣的领域、传达工作带来的价值和享受，还有母亲的收入带来的好处。本研究的一个重要贡献是女儿们提供的这个洞见：母亲（和父亲）如何最大限度地减少了工作时间的不良影响。呈现了5个明确的主题：需要家长（尤其是母亲）出席活动时，母亲在场；女儿可以预测母亲的日程；无论在家还是上班，母亲都能满足（女儿的）情感需要；女儿放学回家后，得到（尽可能多的）照顾；鼓励女儿独立。

对于女儿来说，比日常性存在更重要的是，母亲不缺席重大公共活动。这些调查结果表明，女性在高级职位中的代表性持续欠缺这一事实，并不能以女儿们激烈反对母亲致力于事业加以解释。

作为事业导师的母亲

大多数女儿认为，母亲是影响她们走上职业道路最重要的人。事实上，1/3 的女儿追随母亲的脚步，进入了与母亲相同或非常相似的职业。母亲的影响力或以间接的方式体现，例如，鼓励女儿的学业，这有助于她们走上职业道路，示范令人愉快和满意的职业的价值；或直接影响女儿的职业决定，比如，促进可能帮助女儿打开职业大门的工作经验，或者谈论自身的工作。这样，母亲就扮演了事业上的榜样，影响力度甚至超出她们自己的认识。

女儿离开家后，母亲也充当其事业上的导师，经常与女儿讨论她们在工作中遇到的情况，给女儿提供建议——这种建议通常基于母亲身为雇主和当今职场高级领导的经验。然而，对于女儿长期的职业抱负，母亲的影响似乎远远不如对其最初职业选择的影响来得大。尽管许多女儿形容母亲事业"成功"，但她们并没有真正内化其含义。

母亲们往往不与女儿谈论自身的事业成功，也不传递激励女性抱负的价值观，我把这称为"隐秘的抱负"。许多母亲让女儿觉得，其事业成功主要是辛勤工作和高质量工作的副产品，因此，女儿承认母亲事业成功，但这种承认并未导致女儿一代认为位高权重是一个合意或可能的结果。相反，本研究证实，父亲的鼓励对女性的抱负有着积极的影响。

"两全其美"

女儿们认为工作时间漫长的母亲给了她们很好的养育，然而，在成为母亲后，一半以上的女儿大幅度削减了工作时间——或者打算当母亲后这样做。这是工作中的一个性别平等问题，许多研究表明，身处高级职位的女性因为改变与组织的合同，采取兼职工作或灵活工作方式，导致了事业上的停滞。

女儿们希望大幅度削减工作时间，其动机似乎是对强大的"文化脚本"的回应。"文化脚本"夸大了对中产阶级母亲责任的期望。全球市场和技术变革影响到工作人员为所在机构工作的时间，也使工作与家庭之间的界限更趋模糊。社会期望本研究中的女儿一代进入职场，同时，围绕正确与错误的养育方式，她们比前几代人面临更大的公众压力。

本研究中的许多女儿觉得，争取事业成功的想法与努力成为成功母亲的想法并驾齐驱，甚至被后者取而代之。面对社会的要求，她们远远做不到无动于衷，许多人认为，在兼顾事业与孩子方面，她们遇到的困难比男性多。现代母亲文化被不同的人形容为"父母决定论"，"共同培养"和"责任的强化"。本研究中的女性挂在嘴边的口头语是希望"两全其美"，这意味着优秀的养育被等同于保持在家时间与上班时间的（难以捉摸的）最佳平衡。

一些女儿的母亲，尤其是感受到普遍内疚感的母亲强化了这一观点。无论是否宣之于口，女儿们常常对母亲的感受心领神会。

许多母亲就如何兼顾工作和家庭生活给女儿提供直接建议，这往往是对女儿承受强烈压力的反应，尤其看到女儿为处理工作与照顾小孩焦头烂额。她们的建议强化了这样的想法：调整工作，减少工作时间，或者使工作时间更可预测。下一代的到来促成了母女亲密关系的更新，因此，祖母对"女儿母亲"的影响特别大。

社会压力与母亲建议的合力之下，兼职工作变得难以抵御，尽管这对职业进步和满意度具有负面影响。这意味着组织和个人需要协调彼此的需要。

个性化和女性主义

正如贝克（Beck）和贝克—格恩斯海姆所示，本研究的代际视角也表明，女性个人（特别是母亲、期望兼顾工作与母职的女性）面临的责任和压力日趋深入和广泛。母亲（包括双薪家庭的母亲和从事高技能职业的母亲）继续被视为子女情感健康和身体健康的主要责任人。相反，即使男性越来越多地参与家务活动，却很少听说高要求职位与男性家庭角色相冲突的情况。

在工作中，代际时间（generational time）的流逝清楚地表明，女性在组织中的升迁持续受到抑制。公开的性别歧视仍然存在，更隐蔽的性别歧视大行其道，深深地植根于由男性职场文化主导的工作实践中。

然而，尽管如此，全国代表性样本中，只有9％的人自视为女性主义者。女性主义遭到许多人的否定，主要是因为人们视之为反男权的文化遗产，因为他们把对它的需要与过去相联系。2016年福西特协会同样的调查显示，65％的人持男女平等信念，但这一信念并不一定等于理解性别不平等的来源和范围。

职场的偏见往往很隐蔽，连女性也习焉不察。在职场上，性别不平等"难以言表"，因为这些问题招致敌意，令人厌倦或不解。后女性主义意识纳入了与第二波女性主义相关的明确的社会政治目标。

包括本研究在内，大量研究表明，女性个体认为有可能就如何兼顾母职与工作做出任意选择，而没有意识到她们的选择受到怎样的限制。女性主义学者已经解析了性别不平等的当代语境，或者是麦克罗比巧妙概括的"平等的幻觉"（the illusion of equality）。

从自由主义到新自由主义的转变，将为家庭做出正确决定的责任丢给了中产阶级职业女性个人，并把这说成是"选择"。权力景观孕育了支持女性工作期望（以及社会经济需求）的"企业"女性主义，同时淡化结构性或文化的限制，或者如沃尔夫所说，女性职业精英的崛起导致了女性之间日益严重的不平等，她认为这代表"姐妹情谊的终结"。

参与本研究的女性中，自视为女性主义者的比例比上述全国平均水平高得多，如图 9-1 所示，57％的女儿，44％的"女儿母亲"和 65％的母亲自视为女性主义者。不出所料，对女性主义的认同从母亲那一代开始急剧下降，强烈否认自己是女性主义者的人中，女儿辈的比例最高。然而，代际间的态度传递显而易见，因为大多数强烈认为自己是女性主义者的母亲，有也自视为女性主义者的女儿。有几位女儿的母亲不是女性主义者，那往往是因为她们有特殊的政治兴趣，或者自身有过不平等的遭际。

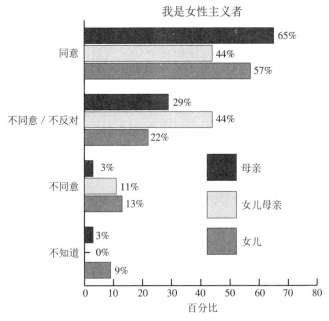

图 9-1 "我是女性主义者"——同意／强烈同意（n=52）

同辈人之间的差异显而易见，那些摆明女性主义者身份的人往往是公共部门的工作人员（尤其是以儿童或年轻人为工作对象的人），比例超过企业职员。

此外，大多数非女性主义女儿提供的解释与上述女性主义学者的观点一致，可以说，这证实了麦克罗比和鲁德伯格对中产阶级职业女性所谓的女性主义的批评，即优先考虑自身的个人与职业收益。

然而，这很难代表本研究中的女性。更深入地看看我们在联合采访中有关女性主义的讨论，我发现，许多人不仅在其工作场所，而且也在更广泛的社会空间积极挑战不平等。公司首席执行官简在与女儿杰西卡的谈话中很好地归纳了这一点：

简（母亲）："我希望杰西卡拥有一份有助于她实现自身目标的工作。但我更关心更广泛的性别社会公正，我认为这极其重要。"

杰西卡（女儿）："（我对女性主义的观念）不仅仅是赞成；不仅仅是想想'什么地方有点儿不对劲'，而是必须积极地想要改变那种情况。所以从这个意义上说，也许有人会说自己是女性主义者，但也许她们并不符合那些标准。我不是那样。"

对各代人而言，女性主义活动的本质各不相同。母亲一代中专业能力较强的人可以引起结构性改变，并影响自己的女儿。女儿一代可以挑战她们发现或经历的种种不平等，虽然抚养年幼子女的在职女性背负如此沉重的生活负荷，向外看的能力受到削弱。

表示积极致力于挑战不平等现象的人虽然为数不多，但在社会转向个人化和选择话语方面，值得注意。在许多方面，个人化和选择话语将反女性主义省略为第三波后女性主义，有破坏女性既有收获的危险。

显然需要挑战性别不平等。鼓舞人心的是，第二波女性主义固有的道德人格平等信念代代传递，并为这一代年轻女性中的一些代表采行。2017 年 1 月，数百万女性在美国和全球各地发起游行，反对特朗普总统，这些人已经认识到收获可能被逆转的事实。下一节讨论个人、社会和公司政策处理性别不平等的具体方式。

✳ 对家庭的含义

对家庭的含义：女儿

一个关键的发现是，即使大多数女儿认为她们的母亲已经证明：愉快、满意和几乎全职的工作与做一个亲力亲为、鼓励孩子、情感投入的家长，二者可以并行不悖。但这种意识似乎还没有强大到足以抗衡这样的文化观念：做一个成功的母亲意味着减少工作时间，大部分时间亲自陪伴孩子。换句话说，兼职工作可以"两全其美"。本研究提供的代际视角表明，基于公众给母亲日益增长的压力和单位对她们要求的强化，这是一个可以理解的反应。

本研究并不建议女性退回老路，兼顾母职和家庭之外的全职工作。母亲一代所谈到的妥协显然并不可取，技术的改变增加了工作和家庭之间的摩擦。然而，事实已经充分证明，对大多数人来说，兼职工作提供了两个世界最差的结果。这表明迫切需要更好地为高职位女性设计灵活的工作安排。这点将在后一节讨论。

在个人层面上，这些做法是有好处的：将年轻女性与她们对自身童年的看法联系起来看，会发现成功职业女性的成年女儿并不在任何深刻或长期的意义上感受到不良影响，实际上，她们还发现由职业要求高的母亲抚养大有优势。这挑战了兼顾职业忠诚与母性所致的普遍内疚感，并鼓励女性对当代母亲文化的某些方面持怀疑态度。我主张回到"够好的母亲"（good enough mother）这一概念。

本研究中的女儿们提出了帮助母亲确保其工作对孩子可行的5个实际步骤。另外，更重要的是，青春期孩子放学后需要得到母亲更多的陪伴。这证实了米尔琪等的研究。在孩子青春期初期需要更多陪伴的时候，可能正好也是女性不只做事而是管事，并且有更多的事业资本围绕这一点与组织进行协商的时候。另外，研究发现，对只有一个孩子的单身母亲来说，相对较长的工作时间尤其成问题，对此，单身母亲可以与其他家长相互支持，尤其是在孩子放学以后。

研究还表明，母亲的鼓励有助于女儿实现自己的抱负。这并不是说所有女性都应该把升到最高管理层作为奋斗目标，相反，我的观点是，个人抱负不应该受制于有着性别偏见的社会期望，尤其不应该受制于女性表达或实施抱负的矛盾心态——无论她们有着怎样的抱负。这一想法将在下一节中介绍。

对于家庭的含义：母亲

"我认为哪件事会对在职母亲的生活产生最为积极的影响？"对于这个问题，本研究中一半母亲的回答是更多灵活工作的机会，另一半母亲认为是价格更合理的托儿服务和伴侣分担更多的养育任务。这些显然都很重要，而职业女性不那么关心的其他一些干预措施也很重要。鉴于女性在权力岗位上的代表性仍然不足，我认为，如果母亲更多地谈论她们在工作中取得的成绩（尤其因为女性往往持有比男性更宽泛的成功标准），以此鼓励女儿的抱负，那对女儿辈将不无帮助。

有事业的母亲处于一个强有力的地位，可以以女儿觉得鼓舞人心的方式与之谈论雄心抱负，例如，告诉女儿自己的成就，以及得到承认是如何能使人在工作中持续获得满足，在组织内的纵向进步如何会提高地位与资历，使个人更有能力带来改变。由于历年积累的经验，有事业的母亲也有资格就职场文化、内隐偏见，以及母职所致、影响女性甚于男性的职场障碍给女儿提供建议。事业成功的母亲也可以私下或公开挑战仍然普遍存在的这一社会成见：职场女性勤奋、努力，而非能干、办事效率高。有事业的母亲往往（或已经）是当今职场上的雇主或高层领导，可以利用自己的权力地位，挑战实现性别平等和职场上其他方面平等的障碍。

当然，每次谈话都需要有心甘情愿的听众，而并不是每个成年女儿都有兴趣了解母亲的工作，这可能对母亲的这些行动造成障碍。然而，事业是一场漫长的游戏，在有些时刻，许多女儿似乎特别容易接受母亲的建议。比如女儿开始协调工作与母职的时刻就是这样一个契机。另一个契机是女儿难以处理工作压力的时刻。第三个契机是女儿考虑晋升或改变职业领域或岗位的时刻。

事业发达的母亲有足够的眼光，认识到社会对同时做好母亲和好员工的期望高不可攀。而且，许多母亲并不认为对事业的忠诚威胁到她们作为母亲的身份。正如本研究中的几位母亲所说，常见的工作与家庭生活二分法是一种错误的划分方法，因为，借一位参与本研究的母亲话说，"很大部分的生活也是在工作中度过的"。可以说，生活的这些方面处于竞争状态的感觉毫无益处，因为这意味着生活处于一种围绕得失的焦虑状态。本研究（和其他研究）的发现挑战了这一观念：母亲相信自己上班损害了孩子的结局，因此怀有（并可能传播）一种普遍的内疚感。

最近的研究还发现，所谓的"直升机式养育"（指父母，通常是母亲，在孩子头顶盘旋不去的情形）与自我效能的负面效果有关，间接给心理和身体健康造成负面影响。有了这个证据，并且考虑到许多母女关系富有情感支持作用，这一思想应运而生：母亲通过实际行为向女儿直接示范如何处理事业与母职兼顾的感觉，这对女儿会有帮助。此外，母亲通过谈论个人经历，挑战越来越严苛的文化脚本，也有助于改变社会关于何为良好养育的信念。

对家庭的意义：伴侣

依据样本，我的发现主要集中在父亲身上。但是，这些调查结果的影响与养育方面的伙伴各方都有关系。以霍克希尔德的"情绪管理"观点来看，这项研究中有证据表明，由于觉得家庭劳动分配不公平，关系的表面下潜藏着负面情绪的征象。在大多数夫妻关系中，甚至在伴侣态度更平等的情况下，这一点都显而易见。我的一个观察结果表明，要求伴侣共同养育子女的女性也应提供更多的空间，让父亲充分参与。希望参与的父亲需要做好准备，要鼓励他们调整工作，和/或调整角色，成为主要家长。

作为父母，伴侣双方似乎往往没有根据情况的演变，充分重估是否从工作和家庭生活中得到了想要的东西。在家庭层面上，其含义是，夫妻双方需要扩大日常协商的范围，从谁做什么，到定期检视各自的工作与生活愿望，以便达成实现愿望的策略，毕竟事业提出的要求和机遇每年都在变化。事实上，正如一些参与者指出的那样，同日常协商相比，这在情感上对关系的损伤要小得多。

✳ 对组织和社会政策的意义

灵活的工作方式

在本研究中，对于女儿兼职叙事占主导地位的情况，一种解释是，大多数女儿并不了解其他的工作方式，她们以为她们只能在全职和兼职之间做选择。这意味着，（员工）做父母之前，公司内部（也许还有家庭内部）可以就潜在的选项与男女职员进行更广泛的讨论。许多职业女性早在怀孕之前就担心着如何管理职业和生育，承认这一事实，并采取针对措施，给女性提供更多的选择。毕竟很多人并没有意识到她们面临的约束，还以为自己有选择。

然而，组织机构继续纠结于如何为高级职员（尤其是恰好碰上生育、处于职业生涯中期的女职员）提供灵活性和自主性。这表明需要拿出更进步的解决方案，实现父母想要的灵活性和可预测性，并将其与组织的需求相协调。

各级组织内性别平等的缺失有其社会和经济成本，这一点已经得到越来越好的认识，并广为接受。女性缩短工作时间，或转入辅助性岗位（对组织的收入或产出的贡献较小），其成本是个人潜在收入的丧失，而组织的成本则是其培训专业人员和管理人员的投资损失。

管理咨询公司的研究试图量化这个成本。麦肯锡全球研究所（McKinsey Global Institute）认为，到2025年，弥合英国的性别差距可以为GDP增加1500亿英镑的收益，他们估计，其中38%来自女性参加劳动力水平的提升，35%通过女性从事生产率较高的工作（例如STEM职位）实现，27%通过女性每天平均增加25—30分钟的工作时间取得。普华永道（PWC）有关女性员工重返工作岗位的报告显示，目前有50万职业女性延长了停岗休假时间，女性在分娩后重返工作岗位时，65%的人都没有充分发挥潜力。普华永道建议，一旦改善让职业女性回到高质量工作岗位的举措，每位商界女性的年收入将增加4000英镑。

在这样的语境下，女性生育后，其工作方式的协商被视为她们个人的问题，不能不令人惊讶。杨（Young）研究开创了灵活工作方式的女性管理者和专业人士的经验，表明组织和个别女性都认为，寻求减少或缩短工作时间，以及使这种安排可行的责任，往往都落在员工身上。而且，一旦安排不可行，女性往往会责怪自己，或归咎于"工作性质"。但杨认为，高技能角色需要（劳资）双方共同重新设计，由具有能力和了解企业需求的组织牵头（讨论灵活角色时，这一点经常被忽视）。重新设计角色是一个更具可持续性的解决方案，可以适应员工的变化，业务需求的起落消长，以及父母经历的各种压力点。

大多数有关灵活工作的研究都以女性为对象，这表明了男性在寻求灵活工作方式，促进他们做参与型父亲的愿望时，会面临责难。实现灵活工作也意味着积极鼓励父亲参与，而不是在他们这么做的时候，令其事业发展受到打击。

包容性的工作场所

为了创造一个更可持续、包容的工作场所，另一个迫切需要是承认这一点：越来越多的证据表明，鉴于女性的职业成功定义，以及对待组织化职业的方法，组织需要以不同的方式来鼓励她们的才能。例如，可以这样重新设计角色：让团队，而不是让个人，为结果负责。一个简单易行的政策是掌握管理会议召开的时间，避免员工在一天结束后急匆匆履行家庭责任的情形。此外，挑战目前个人在组织内预期升迁的年龄有其好处。鉴于那个年龄是最常见的生育时间，这对于女性显然是一个特殊的问题。

2020 年，女性的退休年龄将变成 66 岁，因此，为实现职业里程碑设定更长的时间表，这个做法符合女性职业生涯延长的情况。同时，男性和女性显然也需要共同合作，改变职场文化，使之更具包容性，充分利用男女职员的不同能力、方法和抱负。马西斯（Maheas）和阿姆斯特朗（Armstrong）就改变职场文化提出了可资实施的想法。这些想法基于建立男女同事之间的理解、尊重和更强的关系，以改善工作生活、产出和获得赞助的机会，促进女性登上事业的高峰。

总而言之，我的观点是，抚养责任和工作职责相互交织的特性需要得到组织的承认和反思，使之成为组织的一项强制政策，以解决家庭责任的影响，改变性别不平等的情况。将性别平等定位为个人行动问题是不够的。

育儿

对于英国在职父母，托儿服务便利性和开支问题的严峻程度超过其他欧洲国家的父母，伦敦又比英国其他地方更严峻些。在英国，养育两个 5 岁以下儿童，开支估计占家庭收入中位数的 28%。财政研究所（IFS）认为，对托儿服务供给进行干预的目的、目标和理由，英国政府不够明确。

一个潜在的策略是鼓励机构提供更多的内部托儿服务，提供启动经费或合适的场地。目前只有不到 10% 的雇主提供现场托儿服务（on-site nursery），这些雇主大部分属于公共部门。在育儿假方面，建议采取更为先进的政策解决办法，模仿瑞典和冰岛，即分配给父亲一段相当长的假期，作为其不可转让的权利。这有助于重新塑造育儿任务，把它作为父母双方的事情。性别平等游说团体福西特协会建议，休假照看孩子的男性应当享有与女性相同的工资和假期。

此外，给父亲提供更多的带薪育儿假权利，这种做法将有助于挑战母亲与育儿主要责任人之间的持久联系——这正是性别不平等现象持久存在的原因。

重新展开育儿讨论，将其从一个女性议题变成父母双方的议题，这种做法可能有助于男人成为更积极参与的父亲——现在很多男人都有这样的愿望。这个问题已经争论很多年了，越来越多的证据表明，许多男人渴望平等养育，这让人对变化的到来更有信心。一个可能的行动是继续改变工作场所使用的语言，挑战那种把育儿视为女性问题的性别刻板印象。

事实上，有些人，如美国女士基金会（The Ms. Foundation）认为，实现女性主义的目标意味着，在这个思想框架下进行政治组织或组织游说团体的人需要扩大运动目标，为实现所有性别的平等而努力。完全有理由把实现职场和家庭的性别平等作为一个人格平等问题，而不是像 20 世纪七八十年代的女性主义核心思维那样，只关心从事专业性和管理型工作的女性的平等问题。

❀ 建议的归纳

本研究提出的主要建议有：

——传播这样的发现：母亲全职或接近全职工作，对女儿没有负面影响，因此，母亲没有理由为在职而产生普遍的内疚感。

——女儿们认定了母亲工作对她们可行的 5 个步骤。传播这 5 个步骤。

——公开挑战促使年轻母亲大幅度削减工作时间的当代文化脚本——这么做有益于在职母亲。

——在职母亲具备很好的条件鼓励职业抱负，谈论如何实现事业成功，在包含母职的同时以激励女性的方式进行谈论，而不是让人觉得尽管当妈，也能成功。

——由组织和个人一起重新设计工作，找到更多使灵活工作能够成功的方式。组织应当考虑与男女职员讨论灵活工作的潜在选项，这种讨论应该在职员做父母之前进行，与他们是否是父母的身份无关。

——考虑成功的事业里程碑定义时，组织应该把时间延长一些，把育龄期纳入考虑之中。

——组织将受益于旨在挑战职场文化偏见的强制措施，这些措施对女性更具包容性，男性也会从中受益。

——规划抚育责任分担时，宜于在相对短期的职业目标和机会背景下进行精心安排，而不要每天都在想办法解决问题。这样做有益于"情绪管理"。应该重塑针对儿童保育的公共政策，使之既是父母双方的议题，也是社会的议题。

——良好、支付得起而又便利的托儿服务是推进社会各阶层女性事业的关键因素。

——我们应该再次高举第二波女性主义的主张：政策应该以平等的道德人格为基础，以挑战日益扩大的社会经济鸿沟，挑战少数人的收益以多数人的牺牲为代价的现象。

※ 结语

（母亲）担任高层职位，工作时间相对较长，这样是否有损子女？女性之间围绕这个问题的激烈争论已经持续几十年了，将来仍然很难挑战。因此，重申这一点具有十分重要的意义：绝大多数女儿认为，并不需要妈妈随时在身边才觉得得到很好的关爱和养育。接受这项调查的职业女性工作都很用心，正如这位受访的"女儿母亲"阐述的那样：

> 我觉得生了孩子以后，工作对我可能变得更重要了，因为此前它不具有与其他任何事情相关的意义……以前我以一种非常不假思索的方式做事，现在我非常用心地工作，因为我觉得它给了我不一样的东西。有一种独立于孩子和母亲生活的自我感觉。

下面这番极富表达力的话出自一位老一辈的妈妈之口，代表本书贯穿始终的一个重要主题，有关孩子对于这些同时也有着有趣、满意事业的母亲的重要意义。对她们来说，事业是日常生活内容，孩子则"非同凡响"：

> 有一天下午喂她奶的时候，耳边回响着我们经常播放的音乐，想到一段神奇的"其他时候"即将结束，就要回到早已确定的工作现实，我感到前所未有的悲伤。直到今天（后来又有两个女儿），我都觉得生养她们是一件奇妙而不同寻常的事。日常工作似乎是一个绝对的给定，就像我知道自己的名字一样。

对于确保女性有机会进入最高层的职位，从而促进男性和女性在家庭生活和工作生活中实现更宽泛的性别平等，社会政策、工作场所和家庭改善工作与子女养育的协调方式至关重要。这对个人的生活满意度和经济都有裨益。

有人认为做一个"好母亲"意味着大幅度压缩工作时间、"在场"，这种声音似乎盖过了其他的声音。希望这项研究的结果鼓励母亲及期待做母亲的人质疑兼职工作必将"两全其美"的假设，并自信地宣称，致力于事业，与忠诚于家庭和被孩子视为够好的母亲，二者并不矛盾。

附录　参与人员表

母与女	母　亲	女　儿
1. Alison and Ashley 艾莉森与阿什利	营销总监	新毕业生 （访谈时正在找工作）
2. Bridget and Beth 布里奇特与贝丝	医生	媒体
3. Christina and Chloe 克里斯蒂娜与克洛伊	律师	学者
4. Deborah and Diana 黛博拉与黛安娜	零售企业业主	大学最后一年在读
5. Eve and Emily 夏娃与艾米莉	医生	新毕业生 （访谈时正在找工作）
6. Faith, Fiona and Florence (twins) 费思、菲奥娜与弗罗伦萨（双胞胎）	律师	一个在金融业，一个做市场营销
7. Gayle and Gina 盖尔与吉娜	私营企业咨询服务公司总裁	新毕业生（访谈时正在找工作）

续表

母与女	母 亲	女 儿
8. Harriet and Hannah 哈里特与汉娜	教育（退休）	教师，两个孩子都不满3岁
9. Imogen and Isabelle 伊莫金与伊莎贝儿	律师	教育部门官员
10. Jan and Jessica 简与杰西卡	私营公司执行总裁	大学最后一年在读
11. Karen and Kelly 凯伦与凯利	教师	教育心理学家，有一个1岁的孩子
12. Leah and Lily 利亚与莉莉	治疗师	学者，有3个孩子，最小的不到5岁
13. Martha and Megan 玛莎与梅根	公营部门 CEO	市场营销
14. Naomi and Natalie 娜奥米与娜塔莉	律师	律师
15. Orla and Olivia 奥拉与奥利维娅	金融机构高管	大学最后一年在读
16. Patricia and Paula 帕特里夏与葆拉	教师	牙医，3个不到5岁的孩子
17. Rose and Rachel 罗斯与雷切尔	公营机构，CEO	大学最后一年在读

母与女	母　亲	女　儿
18. Stella and Sophie 斯特拉与索菲	学者	教育机构高级经理，有一个不到 1 岁的孩子
19. Tara and Tanya 塔拉与坦尼亚	媒体公司执行总裁	媒体
20. Una and Ursula 尤娜与厄秀拉	学者	健康服务
21. Valerie and Verity 瓦莱丽与维里蒂	高级营销经理	学者
22. Wendy and Willow 文迪与薇洛	公司执行总裁	医生
23. Xanthe and Xenia 赞茜与齐尼娅	公营机构，总裁	大学最后一年在读
24. Yvette and Yasmin 伊维特与亚丝明	公营机构，企业主	大学最后一年在读
25. Zadie and Zara 扎迪与扎拉	律师	市场营销
26. Anita and Amy 安妮塔与艾米	教育行政（退休）	健康服务两个孩子，一个不到 5 岁
27. Barbara and Belle 芭芭拉与贝儿	媒体，然后从事投资组合工作	零售业，主要担任全职妈妈，有两个不到 5 岁的孩子

续表

母与女	母 亲	女 儿
28. Cheryl and Cara 谢丽尔与卡拉	国民医疗机构主任	零售业，有一个不到 5 岁的孩子
29. Donna and Denise 唐娜与丹尼丝	教师	营销咨询机构总裁，有两个不到 5 岁的孩子
30. Eiona and Elly 伊奥娜与艾莉	公司 CEO	零售业业主

身份细节在访谈时都是准确的，因为提供了具体的细节，甚至包括了职业，母亲和女儿有被认出的风险，因此会违反保密协议。法律界有一位法官、几位法律顾问、一家神奇圈律师事务所合伙人和几位诉状律师接受了采访。医疗行业接受访谈的人包括医院顾问、低年资医生、全科医生、国民健康服务机构经理和牙医。商业领域的行业涵盖新闻、电视制作、零售、品牌管理、市场营销、市场调研和广告。有几位受访者创办、经营自己的企业，有许多雇员。有 4 位参与者从事金融工作。教育领域中，学校教师、学校督察、教育心理学家、学者和研究者都有代表。样本中其他公共部门的职业包括地方当局的首席执行官或董事，博物馆和艺术基金组织。所有名字都是虚构的。

参考文献

Acker, J. (2012) 'Gendered organisations and intersectionality', *Equality, diversity and inclusion: An international journal*, 31 (3): 214–224.

Adkins, L. (2002) *Revisions: Gender and sexuality in late modernity*, Buckingham: Open University Press.

Apter, T. E. (1990) *Altered loves: Mothers and daughters during adolescence*, New York: Ballantine Books.

Apter, T. E. (2001) *The myth of maturity*, London: W. W. Norton.

Armstrong, J. (2016) *Collaborating with men: Changing workplace culture to be more inclusive for women* [online]. Available from: www.murrayedwards. cam.ac.uk/sites/default/files/Collaborating with Men - FINAL Report.pdf [accessed 20/10/2016].

Aughinbaugh, A. and Gittleman, M. (2004) 'Maternal employment and adolescent risky behavior', *Journal of Health Economics*, 23(4): 815–38.

Backett-Milburn, K., Harden, J., Maclean, A. and Cunningham-Burley, S. (2011) *Work and family lives: The changing experience of young families* [online]. Available from: www.timescapes.leeds.ac.uk/assets/files/Final-Reports/final-report-project-5.pdf [accessed 8/2/2015].

Bailey, L. (1999) 'Refracted selves? A study of changes in self-identity in the transition to motherhood', *Sociology*, 33(2): 335–52.

Baker, C. and Cracknell R. (2014) *Women in public life, the professions and the boardroom*, London: House of Commons Library

Baraitser, L. (2008) *Maternal encounters: The ethics of interruption*, London: Routledge.

Baraitser, L. (2009) 'Mothers who make things public', *Feminist Review*, 93: 8–26.

Barnett, R. C., Gareis, K. C. and Brennan, R. T. (2008) 'Wives' shift work schedules and husbands' and wives' well-being in dual earner couples with children', *Journal of Family Issues*, 29: 396–422.

Barsh, J. and Lee, Y. (2012) *Unlocking the potential full potential of women at work* [online]. Available from: https://online.wsj.com/public/resources/documents/womenreportnew.pdf [accessed 21/1/2016].

Bataille, C. (2014) *Identity in transition: Women's narrative identity work on the path to professional and mother*, DPhil thesis, McGill University, Montreal.

Bates, L. (2014) *Everyday sexism*, London: Simon and Schuster.

Battersby, C. (1998) *The Phenomenal Woman: Feminist Metaphysics and the Patterns of Identity*, London/New York: Routledge.

Baxter, J. and Smart D. (2011) *Fathering in Australia among couple families with young children* [online]. Available from: http://ssrn.com/abstract=1776522 [accessed 8/5/2015].

Beatty, C. A. (1996) 'The stress of managerial and professional women: is the price too high?' *Journal of Organizational Behaviour*, 17(3):223–51.

Beck, U. (1992) *Risk society: Towards a new modernity*, London: Sage.

Beck, U. and Beck-Gernsheim, E. (2002) *Individualization*, London: Sage.

Becker, J. C. and Wright, S. C. (2011) 'Yet another dark side of chivalry: benevolent sexism undermines and hostile sexism motivates collective action for social change', *Journal of Personality and Social Psychology*, 101(1): 62–77.

Bem, S. L. (1981) *Bem sex-role inventory*, Palo Alto, CA: Consulting Psychologists Press.

Ben-Galim, D. and Thompson, S. (2013) *Who's breadwinninng? Working mothers and the new face of family support* [online]. Available from www.ippr.org [accessed 8/5/2015].

Benjamin, J. (1995) *Like subjects, love objects: Essays on recognition and sexual difference*, New Haven, CN: Yale University Press.

Bianchi, S. M. (2000) 'Maternal employment and time with children: dramatic change or surprising continuity?' *Demography*, 37(4) 401–14.

Bimrose, J., Watson, M., McMahon, M., Haasler, S., Tomassini, M. and Suzanne, P. (2014) 'The problem with women? Challenges posed by gender for career guidance practice', *International Journal for Educational and Vocational Guidance*, 14(1): 77–88.

Bingham, J. (2015) 'Do-it-all' generation of women suffering work stress epidemic [online]. Available from: www.telegraph.co.uk/women/womens-life/11983974/Do-it-all-generation-of-womensuffering-work-stress-epidemic.html [accessed 30/102016].

Bjerrum Nielsen, H. (2017) *Feeling gender: A generational and psychosocial approach*. London: Palgrave Macmillan.

Bjerrum Nielsen, H. and Rudberg, M. (1994) *Psychological gender and modernity*, Oslo: Scandinavian University Press.

Blair-Loy, M. (2003) *Competing devotions: Career and family among women executives*, Cambridge, MA: Harvard University Press.

Blos, P. (1979) *The adolescent passage: Developmental issues*, New York: International Universities Press.

Board Watch (2016) Tracking appointments of women directors to FTSE 100 and FTSE 250 companies [online]. Available from: www.boardsforum.co.uk/boardwatch.html [accessed 3/3/2016].

Bohnet, I. (2016) *What works: Gender equality by design*, Cambridge, MA: Belnap Press.

Bostock, J. (2014) *The meaning of success: Insights from women at*

Cambridge, Cambridge: Cambridge University Press.

Brannen, J. (2003) 'Towards a typology of intergenerational relationships', *Sociological Research Online*, 8(2) [online]. Available from: www.socresonline. org.uk/8/2/brannen.html [accessed 8/12/2015].

Brannen, J., Moss, P and Mooney, A. (2004) *Working and caring over the twentieth century: Change and continuity in four-generation families*, Basingstoke: Palgrave Macmillan.

Breitenbach, E. (2006) *Gender statistics: An evaluation*, Manchester: Equal Opportunities Commission.

Broadbridge, A. M., Maxwell, G. A. and Ogden, S. M. (2007) 'Experiences, perceptions and expectations of retail employment for Generation Y', *Career Development International*, 12(6) 523–44.

Burgess, A. (2011) *Family man: British fathers' journey to the centre of the kitchen* [online]. Available from: http://bit.ly/1rdtry8 [accessed 17/7/2014].

Burke, R. J. and Mattis, M. C. (2005) *Supporting women's career advancement*, Cheltenham: Edward Elgar.

Butler, J. (1990) *Gender trouble: Feminism and the subversion of identity*, London: Routledge.

Cahusac, E. and Kanji, S. (2014) 'Giving up: how gendered organizational cultures push mothers out', *Gender, Work and Organization*, 21(1): 57–70.

Callender, C. (1997) *Maternity rights and benefits in Britain 1996*, London: The Stationery Office.

Carter, N. M. and Silva, C. (2010) *Mentoring: Necessary but insufficient for advancement* [online]. Available from: www.catalyst.org/system/files/ Mentoring_Necessary_But_Insufficient_for_Advancement_Final_120610.pdf [accessed 3/3/2016].

Catalyst (2016) 'Working parents' [online]. Available from: www.catalyst. org/knowledge/working-parents [accessed 3/5/2016].

CFWD (2014) *Sex and Power 2014: Who runs Britain* [online]. Available from: www.cfwd.org.uk/uploads/Sex_and_PowerV4%20FINAL.pdf2014.pdf [accessed 18/1/2016].

CFWD (2015) *Sex and Power 2015: Who runs Britain* [online]. Available from: www.cfwd.org.uk/uploads/Sex and Power.pdf [accessed 18/1/2016].

Chambers Student (2014) '2014 Gender in the law survey' [online]. Available from: www.chambersstudent.co.uk/where-to-start/newsletter/2014-gender-in-the-law-survey [accessed 18/1/2016].

Chodorow, N. (1978) *Reproduction of mothering: Psychoanalysis and the sociology of gender*, Berkeley, CA: University of California Press.

Christopher, K. (2012) 'Extensive mothering: employed mothers' constructions of the good mother', *Gender & Society*, 26(1): 73–96.

CIPD (2015) 'Part-time workers' [online]. Available from: www.cipd.co.uk/hr-inform/employment-law/employees-and-workers/parttime-workers/indepth.aspx [accessed 4/8/2016].

CMI (2016) 'A broken pipeline' [online]. Available from: www.managers.org.uk/campaigns/gender-salary-survey [accessed 8/2/2017].

Coffman, J. and Neuenfeldt, B. (2014) 'Everyday moments of truth' [online]. Available from: www.bain.com/publications/articles/everyday-moments-of-truth.aspx [accessed 1/3/2015].

Connolly, S. and Gregory, M. (2008) 'Moving down: women's parttime work and occupational change in Britain 1991–2001', *The Economic Journal*, 118(526): 52–76.

Cosslett, R. (2013) 'The myth of female elites and the XX factor' [online]. Available from: www.theguardian.com/commentisfree/2013/apr/26/myth-female-elites-xx-factor [accessed 27/9/2013].

Crompton, R. (2006) *Employment and the family*, Cambridge: Cambridge University Press.

Crompton, R. and Harris, F. (1998) 'Explaining women's employment patterns: "Orientations to work" revisited', *The British Journal of Sociology*,

49(1): 118–36.

Crompton, R. and Le Feuvre, N. (2000) 'Gender, family and employment in comparative perspective', *Journal of European Social Policy*, 10: 334–48.

Crompton, R. and Lyonette, C. (2008) 'Mother's employment, worklife conflict, careers and class', in J. Scott, S. Dex and H. Joshi (eds) *Women and employment*, Cheltenham: Edward Elgar, pp. 283–308.

Cunningham, M. (2001) 'Parental influences on the gendered division of housework', *American Sociological Review*, 66(2): 184–203.

Damaske, S. and French, A. (2016) 'Women's work pathways across the life course', *Demography*, 53(2): 365–91.

Davidson, M. J. and Burke, R. J. (2011) *Women in management worldwide*, Farnham: Ashgate Publishing.

Davis, S. N. (2007) 'Gender ideology construction from adolescence to young adulthood', *Social Science Research*, 36(3): 1021–41.

Department of Education (2013) *Childcare and early years providers survey 2013* [online]. Available from: https://www.gov.uk/government/statistics/childcare-and-early-years-providers-survey-2013 [accessed 16/6/2015].

Dermott, E. and Miller, T. (2015) 'More than the sum of its parts? Contemporary fatherhood policy, practice and discourse', *Families, Relationships and Societies*, 4(2): 183–95.

Dex, S., Ward, K. and Joshi, H. (2006) *Changes in women's occupations and occupational mobility over 25 years*, London: Centre for Longitudinal Studies, Institute of Education.

Doucet, A. (2006) *Do men mother? Fathering, care, and domestic responsibility*, Toronto: University of Toronto Press.

Drew, E. and Murtagh, E. M. (2005) 'Work/life balance: senior management champions or laggards?' *Women in Management Review*, 20(4): 262–78.

Duncan, S. (2006) 'Mother's work-life balance: individual preferences or cultural construction?' in D. Perrons and C. Fagan (eds) *Gender divisions and working time in the new economy*, Cheltenham: Edward Elgar, pp. 127–47.

Durbin, S., Fleetwood, S. and Tomlinson, J. (2010a) 'Female part-time managers' *Equality, Diversity and Inclusion: An International Journal*, 29(3): 255–70.

Durbin, S., Fleetwood, S., Wilton, N. and Purcell, K. (2010b) 'The impact of partnership and family-building on the early careers of female graduates in the UK', *Equality, Diversity and Inclusion: An International Journal*, 29(3): 271–88.

Eagly, A. and Carli, L. (2007) *Through the labyrinth: The truth about how women become leaders*, Boston, MA: Harvard Business School Press.

Eagly, A. H. and Karau, S. J. (2002) 'Role congruity theory of prejudice toward female leaders', *Psychological Review*, 109: 573–98.

Edwards, R., Gillies, V. and Ribbens McCarthy, J. (2012) 'The politics of concepts: family and its (putative) replacements', *British Journal of Sociology*, 63(4): 730–46.

EHRC (2009) *Working better: Fathers, family and work* [online]. Available from: www.equalityhumanrights.com/sites/default/files/documents/research/41_wb_fathers_family_and_work.pdf [accessed 17/7/2014].

Eichenbaum, L. and Orbach, S. (1983) *Understanding women*, Harmondsworth: Penguin.

Elias, N. (1978) *What is sociology?* New York: Columbia University Press.

Ellison, L., Barker, A. and Kulasuriya, T. (2009) *Work and care: A study of modern parents* [online]. Available from: www.equalityhumanrights.com/sites/default/files/documents/research/15._work_and_care_modern_parents_15_report.pdf [accessed 17/7/2014].

Ely, R. J., Stone, P. and Ammerman, C. (2014) 'Rethink what you "know" about high-achieving women' [online]. Available from: https://hbr.org/2014/12/rethink-what-you-know-about-highachieving-women [accessed 6/12/2014].

Epstein, C. F. and Kalleberg, A. L. (2004) *Fighting for time: Shifting boundaries of work and social life*, New York: Russell Sage Foundation.

Eräranta, K. and Moisander, J. (2011) 'Psychological regimes of truth and father identity: challenges for work/life integration', *Organization Studies*, 32(4) 509–26.

ESRC (2013) 'Modern fatherhood' [online]. Available from: www.modernfatherhood.org [accessed 17/7/2014].

Fagan, C. McDowell, L., Perrons, D., Ray, K. and Ward, K. (2008) 'Class differences in mothers' work schedules and assessments of their "work-life balance" in dual earner couples in Britain', in J. Scott (ed) *Women and Employment*, Cheltenham: Edward Elgar, pp. 199–212.

Faircloth, C. (2014) 'Intensive parenting and the expansion of parenting', in E. Lee, J. Bristow, C. Faircloth and J. Macvarish (eds). Parenting culture studies, Basingstoke: *Palgrave Macmillan*, pp. 25–50.

Faludi, S. (1992) *Backlash: The undeclared war against women*, London: Random House.

Family and Childcare Trust (2016) '2016 childcare survey' [online]. Available from: https://www.familyandchildcaretrust.org/childcaresurvey-2016-0 [accessed 18/1/2017].

Fawcett Society (2016a) *Gender issues poll* [online]. Available from: http://survation.com/wp-content/uploads/2016/01/Fawcett-Tables-MF-s5611.pdf [accessed 28/1/2016].

Fawcett Society (2016b) *Sex equality: State of the nation* [online]. Available from: www.fawcettsociety.org.uk/wp-content/uploads/2016/01/Sex-equality-state-of-the-nation-230116.pdf [accessed 30/1/2016].

Fawcett Society (2016c) *Parents, work and care: Striking the balance* [online]. Available from: www.fawcettsociety.org.uk/wp-content/uploads/2016/03/Parents-Work-and-Care-2016.pdf [accessed 7/11/2016].

Fels, A. (2004) 'Do women lack ambition?', *Harvard Business Review*, 82(4): 50–60.

Finch, J. (2007) 'Displaying families', *Sociology*, 41(1): 65–81.

Fink, J. and Gabb, J. (2014) 'Configuring generations: cross-displinary perspectives', *Families, Relationships and Societies*, 3(3): 459–63.

Furedi, F. (2002) *Paranoid parenting: Why ignoring the experts may be best for your child*, Chicago: Chicago Review Press.

Gagnon, J. D. (2016) 'Born to fight': The university experiences of the daughters of single mothers who are first-generation students in the United Kingdom, DPhil thesis, University of Sussex.

Galinsky, E. (1999) *Ask the children: What America's children really think about working parents*, New York: William Morrow.

Gambles, R., Lewis, S. and Rapoport, R. (2006) *The myth of work-life balance: The challenge of our time for men, women and societies*, Chichester: John Wiley.

Gardiner, J. and Tomlinson, J. (2009) 'Organisational approaches to flexible working', *Equal Opportunities International*, 28(8): 671–86.

Gareis, K. C. and Barnett, R. C. (2002) 'Under what conditions do long work hours affect psychological distress', *Journal of Health and Social Behaviour*, 45: 115–31.

Garey, A. I. (1999) *Weaving work and motherhood*, Philadelphia, PA: Temple University Press.

Gatrell, C. (2005) *Hard labour: The sociology of parenthood, family life and career*, Maidenhead: Open University Press.

Gatrell, C. (2007) 'A fractional commitment: part-time working and the maternal body', *International Journal of Human Resource Management*, 18(3): 462–75.

Gatrell, C. (2008) *Embodying women's work*, Maidenhead: Open University Press.

Gatrell, C. (2013) 'Maternal body work: how women managers and professionals negotiate pregnancy and new motherhood at work', *Human Relations*, 66(5): 621–44.

Gatrell, C., Burnett, S. B., Cooper, C. L. and Sparrow, P. (2014) 'Parents, perceptions and belonging: exploring flexible working among UK fathers and mothers', *British Journal of Management*, 25(3): 473–87.

Gatrell, C., Burnett, S. B., Cooper, C. L. and Sparrow, P. (2015) 'The price of love: the prioritisation of childcare and income earning among UK fathers', *Families, Relationships and Societies*, 4(2): 225–88.

General Medical Council (2012) *The state of medical education and practice in the UK* [online]. Available from: www.gmc-uk.org/The_state_of_medical_education_and_practice_in_the_UK_2012_0912.pdf_49843330.pdf [accessed 2/04/12].

Gerson, K. (2011) *The unfinished revolution*, Oxford: Oxford University Press.

Gibson-Beverly, G. and Schwartz, J. P. (2008) 'Attachment, entitlement, and the impostor phenomenon in female graduate students', *Journal of College Counseling*, 11(2): 119–32.

Giddens, A. (1991) Modernity and self-identity, Cambridge: Polity Press.

Gill, R. (2007) 'Postfeminist media culture: elements of a sensibility', *European Journal of Cultural Studies*, 10(2): 147–66.

Gill, R. and Orgad, S. (2015) 'The confidence cult(ure) ', *Australian Feminist Studies*, 30(86): 324–44.

Gill, R., Kelan, E and Scharff, C. (2017) 'A postfeminist sensibility at work', Gender, *Work and Organisation*, 24(3): 226–244.

Gillies, V. (2003) *Family and intimate relationships: A review of the sociological research* [online]. Available from: www1.lsbu.ac.uk/ahs/downloads/families/familieswp2.pdf [accessed 2/2/2017].

Gilligan, C. (1982) *In a different voice: Psychological theory and women's development*, Cambridge, MA: Harvard University Press.

Gilligan, C. (2011) *Joining the resistance*, Cambridge, MA: Polity Press.

Glick, P. and Fiske, S. T. (1997) 'Hostile and benevolent sexism: measuring ambivalent sexist attitudes towards women', *Psychology of Women Quarterly*, 21(1): 119–35.

Golombok, S. (2015) *Modern families: Parents and children in new family forms*, Cambridge: Cambridge University Press.

González Durántez, M. (2013) 'Why I'm calling on brilliant British women to go back to school', *The Telegraph* [online]. Available from:www.telegraph. co.uk/women/womens-life/10360903/Miriam-Clegg-Why-Im-calling-on-brilliant-British-women-to-go-back-toschool.html [accessed 9/10/2013].

Gottfredson, L. (1981) 'Circumscription and compromise: A developmental theory of occupational aspirations', *Journal of Counseling Psychology*, 28(6): 545–79.

GOV.UK (2013) 'School workforce in England: November 2012' [online]. Available from: www.gov.uk/government/statistics/schoolworkforce-in-england-november-2012 [accessed 18/1/2016].

Greer, G. (1970) *The female eunuch*, London: MacGibbon & Kee.

Gurley-Brown, H. (1982) *Having it all: Love, success, sex, money even if you're starting with nothing*, New York: Simon and Schuster.

Hadfield, L., Rudoe, N. and Sanderson-Mann, J. (2007) 'Motherhood, choice and the British media', *Gender and Education*, 19(2): 255–263.

Harris, A. (2003) *Future girl: Young women in the twenty-first century*, New York: Routledge.

Hay Group (2014) *Women in Whitehall: Culture, leadership, talent* [online]. Available from: www.gov.uk/government/uploads/system/uploads/attachment_data/file/351195/Rpt-GMA-Cabinet_Office-Talented_Women-Final_Report___9.5.14_.pdf [accessed 3/4/2016].

Hays, S. (1996) *The cultural contradictions of motherhood*, New Haven, CT: Yale University Press.

Hewlett, S. A. (2003) 'Executive women and the myth of having it all', *Harvard Business Review*, 84(12): 49–59.

Hewlett, S. A. and Marshall, M. (2014) *Women want five things* [online]. Available from: www.talentinnovation.org/publication.cfm?publication=1451 [accessed 3/2/2015].

Himmelweit, S. and Sigala, M. (2004) 'Choice and the relationship between identities and behaviour for mothers with pre-school children', *Journal of Social Policy*, 33(3): 455–78.

Hochschild, A. (1983) *Managed heart: Commercialization of human feeling*, Berkeley, CA: California University Press.

Hochschild, A. and Machung, A. (1990) *The second shift: Working parents and the revolution at home*, London: Piatkus.

Hochschild,A. (2003) *The time bind:When work becomes home and home becomes work*, 2nd edition, Toledo, OH:Owls Books.

Horner, M. (1972) 'Towards an understanding of achievement-related conflicts in women', *Journal of Social Issues*, 28(2): 157–74.

HSE (2015) 'Work related stress, anxiety and depression statistics in GB 2014–5' [online]. Available from: www.hse.gov.uk/statistics/causdis/stress/index. htm [accessed 30/10/2016].

Institute for Employment Studies (1995) 'Women in the labour market: Two decades of change and continuity' Available from:www.employment-studies. co.uk/system/files/resources/files/294.pdf [accessed 26/4/2013].

Institute for Fiscal Studies (2015) *Green budget* [online]. Available from: www.ifs.org.uk/budgets/gb2014/gb2014_ch8.pdf [accessed 12/6/2015].

Jacobs, J. A. and Gerson, K. (2004) *The time divide: Work, family, and gender inequality*, Cambridge, MA: Harvard University Press.

James, L. (2015) 'Women's work orientations: a study of young women without dependent children', *Families, Relationships and Societies*, 4(3): 401–16.

Joshi, A., Dencker, J. C., Franz, G. and Martocchio, J. J. (2010) 'Unpacking generational identities in organizations', *Academy of Management Review*,

35(3): 392–414.

Kanji, S. (2011) 'What keeps mothers in full-time employment?', *European Sociological Review*, 27(4): 509–25.

Kanji, S. and Schober, P. (2014) 'Are couples with young children more likely to split up when the mother is the main or an equal earner?', *Sociology*, 48(1): 38–58.

Kay, K. and Shipman, C. (2014) *The Confidence Code*, New York: Harper Collins.

Kehily, M. J. and Thomson, R. (2011) 'Figuring families: generation, situation and narrative', *Sociological Research Online*, 16(4) article 16.

Kelan, E. K. (2009) *Performing gender at work*, Basingstoke: Palgrave Macmillan.

Kelan, E. K. (2012) *Rising stars*, Basingstoke: Palgrave Macmillan.

Kelan, E. K. (2015) *Linchpin: Men, middle managers and gender inclusive leadership* [online]. Available from: www.som.cranfield.ac.uk/som/dinamic-content/research/Linchpin.pdf [accessed 2/2/2015].

Kelan, E. K. and Mah, A. (2014) 'Gendered identification: between idealization and admiration', *British Journal of Management*, 25(1): 91–101.

Kelliher, C. and Anderson, D. (2010) 'Doing more with less? Flexible working practices and the intensification of work', *Human Relations*, 63(1): 83–106.

Kirby, J. (2012) 'Clegg's not going to give her a helping hand', *The Telegraph* [online]. Available from: www.telegraph.co.uk/women/womens-life/9675110/Nick-Clegg-is-not-going-to-give-workingmothers-a-helping-hand.html [accessed 24/11/2012].

Kodz, J., Davis, S., Lain, D., Strebler, M., Rick, J., Bates, P., Cummings, J. and Meager, N. (2003) *Working long hours: A review of the evidence*, London: Institute for Employment Studies.

KPMG and 30% Club (2016) *The Think Future study* [online]. Available from: https://30percentclub.org/assets/uploads/UK/Research/Think_Future_Study_Final.pdf [accessed 9/7/2016].

Kray, L., Thomson, L. and Galinsky, A. (2001) 'Battle of the sexes', *Journal of Personality and Social Psychology*, 80(6): 942–58

Laney, E. K., Carruthers, L., Lewis Hall, M. E. and Anderson, T. (2014) 'Expanding the self: motherhood and identity development in faculty women', *Journal of Family Issues*, 35(9): 1227–51.

Lanning, T. (2013) *Great expectations: Exploring the promises of gender equality*, London: IPPR.

Lareau, A. (2011) *Unequal childhoods: Class, race and family life*, Berkeley, CA: University of California Press.

Law Society (2011) *Trends in the solicitor profession: Annual statistical report*, London: Law Society.

Lawler, S. (2000) *Mothering the self: Mothers, daughters and identity*, London: Routledge.

Lee, E., Bristow, J., Faircloth, C. and Macvarish, J. (2014) *Parenting culture studies*, Basingstoke: Palgrave Macmillan.

Lewis, J. (2010) *Work–family balance, gender and policy*, Cheltenham: Edward Elgar.

Lewis, P. (2014) 'Postfeminism, femininities and organization studies: exploring a new agenda', *Organization Studies*, 35(12): 1845–66.

Lewis, P. and Simpson, R. (2017) 'Hakim revisited: preference, choice and the postfeminist gender regime', *Gender, Work & Organization*, 24(2): 115–33.

Lorber, J. (2010) *Gender inequality: Feminist theories and politics* (4th edn), Oxford: Oxford University Press.

Lyonette, C. and Crompton, R. (2015) 'Sharing the load? Partners' relative earnings and the division of domestic labour', *Work, Employment and Society*, 29 (1): 23–40.

Lyonette, C., Crompton, R. and Wall, K. (2007) 'Gender, occupational class and work–life conflict', *Community, Work & Family*, 10(3): 283–308.

Maheas, M.-C. (2016) *Gender balance, when men step up*, Paris: Eyrolles.

Mainiero, L. A. and Sullivan, S. E. (2005) 'Kaleidoscope careers: an alternate explanation for the opt-out revolution', *The Academy of Management Executive* (1993–2005), 19(1): 106–123.

McKinsey (2012) *Women Matter* [online]. Available from: www.mckinsey. com/business-functions/organization/our-insights/women-matter [accessed 18/1/2016].

McKinsey & Company and Lean In (2016) *Women in the workplace 2016* [online]. Available from: https://womenintheworkplace.com [accessed 19/10/2016]

McKinsey Global Institute (2016) *The power of partity:Advancing women's equality in the United Kingdom* [online]. Available from: www.mckinsey.com/ global-themes/women-matter/the-power-of-parity-advancingwomens-equality-in-the-united-kingdom [accessed 9/11/2016]

Mannheim, K. (1952) *Essays on the sociology of knowledge*, London: Routledge & Kegan Paul.

Mason, M. A., Wolfinger, N. H., Goulden, M. (2013) *Do babies matter? Gender and family in the ivory tower*, New Brunswick, NJ: Rutgers University Press.

McGinn, K., Ruiz, M. and Lingo, E. (2015) 'Mum's the word! Crossnational effects of maternal employment on gender inequalities at work and at home', Harvard Business School Working Paper, No. 15-094.

McMunn, A. (2011) 'Maternal employment and child socio-emotional behaviour in the UK', *Journal of Epidemiology and Community Health*, 66(7): e19.

McRae, S. (2003) 'Constraints and choices in mothers' employment careers', *British Journal of Sociology*, 54(3): 317–38.

McRobbie, A. (2007) 'Top girls? Young women and the post-feminist sexual contract', *Cultural Studies*, 21(4): 718–37.

McRobbie, A. (2009) *The aftermath of feminism: Gender, culture and social change*, London: Sage.

McRobbie, A. (2013) 'Feminism, the family and the new "mediated" maternalism', *New Formations*, 80–81: 119–37.

Merton, R. K. (1968) *Social theory and social structure*, New York, NY: The Free Press.

Mendolia, S. (2014) *Maternal working hours and the well-being of adolescent children* [online]. Available from: http://ftpiza.org/dp8391.pdf [accessed 25/1/2015].

Meyer, M., Cimpian, A. and Leslie, S.-J. (2015) 'Women are underrepresented in fields where success is believed to require brilliance', *Frontiers in Psychology* [online]. Available from: www.princeton.edu/~sjleslie/ Frontiers2015.pdf [accessed 7/7/2015].

Miles, M. B. and Huberman, A. M. (1994) *Qualitative data analysis: An expanded sourcebook* (2nd edn), Thousand Oaks, CA: Sage.

Milkie, M. A., Nomaguchi, K. M. and Denny, K. E. (2015) 'Does the amount of time mothers spend with children or adolescents matter?', *Journal of Marriage and Family*, 77(2): 355–72.

Miller, T. (2005) *Making sense of motherhood: A narrative approach*, Cambridge: Cambridge University Press.

Miller, T. (2011) 'Falling back into gender? Men's narratives and practices around first-time fatherhood', *Sociology*, 45(6): 1094–109.

Miller, T. (2012) 'Balancing caring and paid work in the UK: narrating "choices" as first-time parents', *International Review of Sociology*, 22(1): 39–52.

Moen, P. (2005) 'Beyond the career mystique: "time in", "time out", and "second acts"', *Sociological Forum*, 20(2): 189–208.

Moen, P., Erickson, M. A. and Dempster-McClain, D. (1997) 'Their mother's daughters? The intergenerational transmission of gender attitudes in a world of changing roles', *Journal of Marriage and Family*, 59(2): 281–93.

Morgan, D. (1996) *Family connections*, Cambridge: Polity Press.

Morris, C. (2013) *Intimacy scripts*, DPhil thesis, University of Sussex.

Newman, J. (2014) 'Telling the time: researching generation politics', *Families, Relationships and Societies*, 3(3): 465–68.

Nielsen, L. (2012) *Father-daughter relationships: Contemporary research and issues*, New York: Routledge.

Oakley, B. (2014) *Podium: What shapes a sporting champion*, London: Bloomsbury Sport.

O'Brien, K. M. and Fassinger, R. E. (1993) 'A causal model of the career orientation and career choice of adolescent women', *Journal of Counseling Psychology*, 40(4): 456–69.

Olivetti, C., Patacchini, E. and Zenou, Y. (2013) 'Mothers, friends and gender identity' [online]. Available from: www.nber.org/papers/w19610 [accessed 26/1/2015]. (2010) *Standard Occupational Classification*, Cardiff: Palgrave Macmillan.

ONS (2011a) 'Hours worked in the labour market, 2011' [online]. Available from: www.ons.gov.uk/ons/dcp171776_247259.pdf [accessed 3/9/2014].

ONS (2011b) *Labour market: Social trends 41*, London: ONS.

ONS (2013a) 'Graduates in the UK labour market: 2013', www.ons.gov. uk/employmentandlabourmarket /peopleinwork/employmentandemployeetypes/ articles/graduatesintheuklabourmarket/2013-11-19.

ONS (2013b) 'Women in the labour market: 2013', www.ons.gov.uk/empl oymentandlabourmarket/peopleinwork/employmentandemployeetypes/articles/ womeninthelabourmarket/2013-09-25.

ONS (2016a) 'Women shoulder the responsibility of "unpaid work" [online]. Available from: http://visual.ons.gov.uk/the-value-of-yourunpaid-work/ [accessed 11/11/2016].

ONS (2016b) 'Childbearing for women born in different years, england and wales: 2015' [online]. Available from:www.ons.gov.uk/peoplepopulationandcommu nity/birthsdeathsandmarriages/conceptionandfertilityrates/bulletins/childbearingfor womenbornindifferentyearsenglandandwales/2015 [accessed 11/11/2016].

ONS ASHE (2012) Table 14.6a [online]. Available from: www. equalityhumanrights.com/sites/default/files/briefing-paper-6-gender-pay- gaps-2012.pdf [accessed 10/4/2014].

Opportunity Now (2014) *Project 28-40: The report* [online]. Available from: http://opportunitynow.bitc.org.uk/sites/default/files/kcfinder/files/ Diversity/28-40/Project 28-40 The Report.pdf [accessed 10/4/2014].

Orrange, R. M. (2002) 'Aspiring law and business professionals' orientations to work and family life', *Journal of Family Issues*, 23(2):287–317.

Parker, R. (1995) *Torn in two: The experience of maternal ambivalence*, London: Virago Press.

Peacock, L. (2013) 'Graduates face toughest job market since depths of recession', *The Telegraph* [online]. Available from: www.telegraph.co.uk/ finance/jobs/9798981/Graduates-face-toughest-job-marketsince-depths-of- recession.html [accessed 16/4/2014].

Pew Research Center (2015a) 'For most highly educated women, motherhood doesn't start until the 30s' [online]. Available from: www.pewresearch.org/fact- tank/2015/01/15/for-most-highlyeducated-women-motherhood-doesnt-start- until-the-30s/ [accessed 10/7/2016].

Pew Research Center (2015b) 'Working mother statistics' [online]. Available from: www.statisticbrain.com/working-mother-statistics/[accessed 3/7/2016].

Pew Social Trends (2014) 'Public views on staying at home vs. working' [online] Available from: www.pewsocialtrends.org/2014/04/08/chapter-4-public- views-on-staying-at-home-vs-working/ [accessed 16/9/2015].

Phipps, A. (2014) *The politics of the body: Gender in a neoliberal and neoconservative age*, Cambridge: Polity Press.

Procter, I. and Padfield, M. (1998) *Young adult women, work and family: Living a contradiction*, London: Mansell.

PwC (2016) *Women returners: The £1 billion career break penalty for professional women* [online]. Available from: www.pwc.co.uk/economic-services/women-returners/pwc-research-womenreturners-nov-2016.pdf [accessed 12/11/2016].

Ragins, B. and Cotton, J. (1999) 'Mentor functions and outcomes', *Journal of Applied Psychology*, 84(4): 529–50.

Reed, K., Duncan, J. M., Lucier-Greer, M., Fixelle, C. and Ferraro, A. J. (2016) 'Helicopter parenting and emerging adult self-efficacy: implications for mental and physical health', *Journal of Child and Family Studies*, 25(10): 3136–49.

Ribbens-McCarthy, J. (1994) *Mothers and their children: Towards a feminist sociology of childrearing*. London: Sage.

Ribbens-McCarthy, J. and Edwards, R. (2011) *Key concepts in family studies*, London: Sage.

Ribbens-McCarthy, J., Edwards, R. and Gillies, V. (2000) 'Moral tales of the child and the adult: narratives of contemporary family lives under changing circumstances', *Sociology*, 34(4): 785–803.

Rich, A. (1986) *Of women born: Motherhood as experience and institution* (10th anniversary edn), New York: Norton.

Risman, B. (1998) *Gender vertigo*, New Haven, CT: Yale University Press.

Rottenberg, C. (2014) 'Happiness and the liberal imagination: how superwoman became balanced', *Feminist Studies*, 40(1): 144–68.

Rowbotham, S., Segal, L. and Wainwright, H. (1979) *Beyond the fragments: Feminism and the making of socialism*, London: Merlin.

Roxburgh, S. (2004) '"There just aren't enough hours in the day": the mental health consequences of time pressure', *Journal of Health and Social Behavior*, 45: 115–31.

Sandberg, S. (2013) *Lean in: Women, work and the will to lead*, London: W. H. Allen.

Schwartz, B., Ward, A., Monterosso, J., Lyubomirsky, S., White, K. and Lehman, D. R. (2002) 'Maximizing versus satisficing: happiness is a matter of choice', *Journal of personality and social psychology*, 83(5): 1178–97.

Scott, J. and Clery, E. (2013) *British Social Attitudes 30* [online]. Available from: www.bsa.natcen.ac.uk/latest-report/british-socialattitudes-30/gender-roles/attitudes-to-gender-roles-change-overtime. aspx [accessed 12/2/2015].

Scott, J. L., Dex, S. and Joshi, H. (2008) *Women and employment: Changing lives and new challenges*, Cheltenham: Edward Elgar.

Seagram, S. and Daniluk, J. C. (2002) 'It goes with the territory: the meaning and experience of maternal guilt for mothers of preadolescent children', *Women and Therapy*, 25(1): 61–88.

Sharpe, S. (1984) *Double identity: The lives of working mothers*, London: Pelican.

Simon, H. A. (1956) 'Rational choice and the structure of the environment', *Psychological Review*, 63(2): 129–38

Simpson, R. (1998) 'Presenteeism, power and organizational change: Long hours as a career barrier and the impact on the working lives of women managers', *British Journal of Management*, 9 (Special Issue): S37–S50.

Singh, V., Vinnicombe, S. and James, K. (2006) 'Constructing a professional identity: how young female managers use role models', *Women in Management Review*, 21(1): 67–81.

Sluis, S.van de., Vinkhuyzen, A. A. E., Boomsma, D. I. and Posthuma, D. (2010) 'Sex differences in adults' motivation to achieve', *Intelligence*, 38(4): 433–46.

Smart, C. (2011) 'Familes, secrets, memories', Sociology, 45(4): 539–53.

Smith, R. (2010) 'Total parenting', *Educational Theory*, 60(3): 357–69.

Smith, R. (2016) 'New targets to have women in 33% of top exec jobs by

2020 unveiled' [online]. Available from: www.cityam.com/253229/ftse-100-set-new-target-have-33-per-cent-executivejobs [accessed 8/11/2016].

Spohr, M. (2015) 'How dads balance work and family' [online]. Available from: www.buzzfeed.com/mikespohr/how-dads-balancework-and-family?utm_term=.ivj2LvbQvv - .li7rwZNEZZ [accessed 7/11/2016].

Stansell, C. (2010) The Feminist Promise: 1792 to the Present, New York, Modern Library.

Steinberg, L. (1990) 'Autonomy, conflict, and harmony in the family relationship', in S. S. Feldman and G. R. Elliott (eds) [*At the threshold: the developing adolescent*] Cambridge, MA: Harvard University Press, pp 255–76.

Stone, P. (2007) *Opting out? Why women really quit careers and head home*, Berkeley, CA: University of California Press.

Stone, A. (2012) *Feminism, psychoanalysis, and maternal subjectivity*, London: Routledge.

Strauss, A. L. and Corbin, J. M. (1998) *Basics of qualitative research: Techniques and procedures for developing grounded theory* (2nd edn), Thousand Oaks, CA: Sage.

Strauss, W. and Howe, N. (1991) *Generations*, New York: William Morrow.

Super, D. E. (1957) *The psychology of careers. An introduction to vocational development*, New York: Harper & Bros.

Sutherland, J.-A. (2010) 'Mothering, guilt and shame', *Sociology Compass*, 4(5): 310–21.

Tasker, Y. and Negra, D. (2007) *Interrogating postfeminism: gender and the politics of popular culture*. Durham, NC: Duke University Press.

Thomson, R. (2008) 'Thinking intergenerationally about motherhood', *Studies in the Maternal* [online]. Available from: www.mamsie.bbk.ac.uk/articles/abstract/10.16995/sim.109/ [accessed 12/2/2013].

Thomson, R. (2014) 'Generational research: between historical and sociological imaginations', *International Journal of Social Research*

Methodology, 17(2): 147–56.

Thomson, R., Kehily, M. J., Hadfield, L. and Sharpe, S. (2011) *Making modern mothers*, Bristol: Policy Press.

Timewise Foundation (2017) Winners [online]. Available from: http:// timewise.co.uk/campaigns/power-part-time-list-2017/ [accessed 6/5/2017].

Tipping, J., Chanfreau, J., Perry, J. and Tait, C. (2014) *The fourth worklife balance employee survey* [online]. Available from: www.gov.uk/government/ uploads/system/uploads/attachment_data/file/398557/bis-14-1027-fourth-work- life-balance-employer-survey-2013.pdf [accessed 6/2/2015].

TUC (2016) Still just a bit of banter?: Sexual harrassment in the workplace 2016 [online]. Available from: www.tuc.org.uk/sites/default/files/ SexualHarassmentreport2016.pdf [acessed 15/8/2016

Tutchell, E. and Edmonds, J. (2015) *Man-Made: why so few women are in positions of power*, Farnham: Gower.

Twenge, J. M. (2010) 'A review of the empirical evidence on generational differences in work attitudes', *Journal of Business and Psychology*, 25(2): 1045– 62.

Twenge, J. M. and Campbell, S. M. (2008) 'Generational differences in psychological traits and their impact on the workplace', *Journal of Managerial Psychology*, 23(8): 862–77.

UCAS (2012) *End of cycle report 2012* [online]. Available from: www.ucas. com/sites/default/files/ucas-end-of-cycle-report-2012.pdf [accessed 17/9/2013]

Van Maanen, J. (1988) *Tales of the field: On writing ethnography*, Chicago, IL: University of Chicago Press.

Vere, J. P. (2007) '"Having it all" no longer: fertility, female labor supply, and the new life choices of Generation X', *Demography*, 44(4): 821–8.

Vinnicombe, S. (2015) *The female FTSE board report 2015* [online]. Available from: www.som.cranfield.ac.uk/som/dinamic-content/research/ftse/ FemaleFTSEReportMarch2015.pdf [accessed 18/1/2016].

Vinnicombe, S., Burke, R. J., Blake-Beard, S. and Moore, L. L. (2013) *Handbook of Research on Promoting Women's Careers*, Cheltenham: Edward Elgar.

Walker, A., Maher, J., Coulthard, M., Goddard, E. and Thomas, M. (2001) *Living in Britain, 2001* [online]. Available from: www.ons.gov.uk/ons/rel/ghs/general-household-survey/2001-edition/index.html [accessed 25/4/14].

Walkerdine, V., Lucey, H. and Melody, J. (2001) *Growing up girl: Psychosocial explorations of gender and class*, Basingstoke: Palgrave.

Weisul, J. (2015) 'Globally women gain corporate board seats – but not in the US', [online]. Available from: http://fortune.com/2015/01/13/catalyst-women-boards-countries-us/ [accessed 6/6/2016].

Welsh, E. (2002) 'Dealing with data: using NVivo in the qualitative data analysis process', *Forum Qualitative Social Research*, 3(2): art. 26.

Williams, J.C. (2000) *Unbending gender: Why family and work conflict and what to do about it*, Oxford: Oxford University Press.

Williams, J. C. (2003) 'Beyond the glass ceiling: the maternal wall as a barrier to gender equality', *Thomas Jefferson Law Review*, 1 [online]. Available from: http://repository.uchastings.edu/cgi/viewcontent.cgi?article=1805&context=faculty_scholarship [accessed 4/9/2014].

Williams, J. C. (2010) *Reshaping the work-family debate*, Cambridge, MA: Harvard University Press.

Williams, J. C. and Dempsey, R. (2014) *What works for women at work*, New York: New York University Press.

Williams, J. C., Blair-Loy, M. and Berdahl, J. L. (2013) 'Cultural schemas, social class, and the flexibility stigma', *Journal of Social Issues*, 69(2): 209–34.

Williams, Z. (2013) 'Lean in: women, work, and the will to lead by Sheryl Sandberg – review', *The Guardian* [online]. Available from: www.theguardian.com/books/2013/mar/13/lean-in-sherylsandberg-review [accessed 13/3/2013]

Winnicott, D. (1953) 'Transitional objects and transitional phenomena',

International Journal of Psychoanalysis, 34: 89–97.

WISE (2014) *Women in science, technology, engineering and mathmathics* [online]. Available from: www.wisecampaign.org.uk/uploads/wise/files/WISE_UK_Statistics_2014.pdf [accessed 3/1/2016].

Wolf, A. (2006) 'Rise of professional women' [online]. Available from: www.prospectmagazine.co.uk/magazine/rise-of-professionalwomen-decline-female-altriusm [accessed 23/9/2013].

Wolf, A. (2013) *The XX factor: How working women are creating a new society*, London: Profile.

Women's Business Council (2013)' Maximising women's contribution to future economic growth' [online] Available from: www.womensbusinesscouncil.co.uk/wp-content/uploads/2017/02/DCMS_WBC_Full_Report_v1.0-1.pdf [accessed 10/2/2015].

Woodfield, R. (2007) *What women want from work: Gender and occupational choice in the 21st century*, Basingstoke: Palgrave Macmillan.

Young, Z. (2017) Women in the middle: Mothers' experience of transition to part-time and flexible work in professional and managerial occupations, DPhil thesis, University of Sussex.

YSC, KPMG and 30%Club (2014) *Cracking the code* [online]. Available from: https://30percentclub.org/wp-content/uploads/2015/04/Cracking-the-code.pdf [accessed 27/8/2015].